LE CHEVALIER
DE LA CHARRETE

LES CLASSIQUES FRANÇAIS DU MOYEN AGE

Collection fondée par Mario Roques

publiée sous la direction de Félix Lecoy

LES ROMANS

DE

CHRÉTIEN DE TROYES

ÉDITÉS D'APRÈS LA COPIE DE GUIOT
(Bibl. nat., fr. 794)

III

LE CHEVALIER
DE LA CHARRETE

PUBLIÉ PAR

MARIO ROQUES

PARIS

LIBRAIRIE HONORÉ CHAMPION, ÉDITEUR

7, QUAI MALAQUAIS (VIe)

1983

INTRODUCTION

I. — MANUSCRITS, ÉDITIONS, TITRE.

Des six manuscrits qui nous ont transmis, certains très incomplètement, le *Chevalier de la Charrete* de Chrétien de Troyes, le meilleur est la copie dûe au scribe Guiot (ms. Bibl. nat. fr. 794), que nous avons prise comme base de notre édition des romans de Chrétien, que nous suivrons encore pour celui-ci et sur laquelle on pourra voir les introductions de nos éditions d'*Erec et Enide* et de *Cligès* et notre étude publiée en 1952. Les autres copies (Bibl. nat. fr. 1450, première moitié du xiiie siècle, picard très probablement, — Bibl. nat. fr. 12560, xiiie siècle, champenois, — Vatican 1724, — Chantilly 572, — Escurial M.iii.21) sont assez gravement lacunaires, peu soignées, ou diversement contaminées, et nous aurons peu d'occasions de recourir à leur témoignage. Les restes du très précieux ms. d'Annonay (ou plutôt de Serrières), qui aurait pu fournir un contrôle de la copie de Guiot, ne présentent aucune parcelle du roman du *Chevalier de la Charrete*.

Dans le manuscrit 794, la *Charrete* se place entre *Erec et Enide* et *Cligès* ; *Erec* se termine dans la première colonne d'un recto et la *Charrete* débute en tête de la deuxième colonne, sans indication de titre, de sorte qu'il faut attendre les v. 24-25 pour connaître le nom de l'auteur et le titre qu'il donne à son œuvre :

> Del *Chevalier de la Charrete*
> comance Crestiens son livre.

C'est un titre analogue qu'emploie le collaborateur choisi par Chrétien pour achever son roman (v. 7102-03) :

> Godefroiz de Leigni li clers
> a parfinee la *Charrete*,

et que l'on retrouve dans les suscriptions ou *explicits* de divers mss : *Ci après commence...*, ou *Ci fenist li romanz dou Chevalier de la Charrete* (fr. 12560), *Ci fenit li romanz de la Charrete* (fr. 1450), mais non dans la copie de Guiot, qui écrit : *Ci finit li romanz de Lancelot de la Charrete*, d'où le titre double de certaines éditions modernes : *Lancelot ou La Charrete*.

La copie de Guiot a été imprimée en 1850 par W. J. Jonckbloet ; celle du ms. 12560 l'avait été, imparfaitement, par Tarbé en 1849 ; W. Foerster imprima en 1899 une édition médiocrement critique (surtout d'après Guiot) au t. IV de son édition des *Œuvres complètes* de Chrétien, sous le titre *Der Karrenritter (Lancelot)*, et il annonça la publication, dans sa *Romanische Bibliothek*, d'une nouvelle édition réduite ; cette édition, qui aurait sans doute apporté des rectifications à la précédente, n'a jamais vu le jour.

II. — CONDITIONS DE COMPOSITION DU ROMAN.

Dans son prologue de 30 vers, Chrétien nous apprend que, du livre qu'il commence

> la dame, qui passe
> totes celes qui sont vivanz
> si con li funs passe les vanz (10-12),

et, un peu plus loin, il précise « la contesse ».

> « matiere et san » li done et livre (v. 26-27).

Il ne faut donc pas entendre, au v. 10, « dame » au sens de « dame des pensées », « dame aimée » de poète, mais au sens de « dame suzeraine », comme l'annonce déjà le premier vers :

> ..... ma dame de Chanpaigne
> vialt que romans a feire anpraigne.

Cette « dame de Champagne », c'est Marie de Champagne, fille d'Aliénor d'Aquitaine et de Louis VII, roi de France, et belle-fille d'Henri II d'Angleterre, qui épousa en 1164 le comte Henri de Champagne et apporta en Champagne et en Brie les goûts poétiques qu'elle avait empruntés des cours poitevine ou anglaise de sa mère Aliénor ; elle put fournir ainsi à son poète la *matière*, c'est-à-dire les évènements dont est fait son roman, et le *san*, c'est-à-dire les idées ou les sentiments, la conception psychologique et morale sur laquelle il l'a édifié. On peut discuter sans fin, mais sans preuves ni profit, sur l'importance de cette collaboration, et sur ce qui, grâce à la comtesse Marie, serait, en particulier pour la *Charrete*, passé des contes insulaires sur le continent, où ceux-ci pouvaient d'ailleurs être connus directement.

Il faut noter que, si certains noms propres et certains motifs de la *Charrete* peuvent avoir des attaches celtiques (ou insulaires), le nombre de ces ressemblances, difficiles en général à préciser, n'est pas très considérable : *Guenièvre* sans doute (Guanhumara) ; *Bademagu* peut-être ; *Méléagant*, si l'on y reconnaît *Maelwas*, lequel est déjà dans *Erec* (v. 1896) sous la forme *Moloas* ; *Gorre* (le pays de), si on le lit *Goire* et qu'on y reconnaisse *Voire* ('île de), c'est-à-dire un nom français (l'île *Noire*, dans *Erec*, 1897) identifiable avec Glastonbury ; peut-être tous éléments exotiques voyageurs propagés par une certaine mode littéraire, mais en somme bagage peu homogène d'emprunts d'origine imprécise et qui ne pouvaient guère fournir à la comtesse Marie, ni à Chrétien de suggestions nettes sur les caractères et les sentiments possibles de leurs personnages. Pour les motifs,

si celui de l'enlèvement de la reine Guenièvre peut être de
caractère mythologique et a de nombreuses analogies avec
des motifs celtiques, il est difficile d'assurer qu'il ne soit
pas aussi influencé par des thèmes antiques (Eurydice,
Perséphone, Alceste, etc.) ; de même les motifs de la lance
enflammée (§ 4), du gué défendu (§ 6), des ponts dangereux
(§ 18), des tours impénétrables (§ 35), des portes *coleïces*
(§ 15), échappent à toute précision d'origine.

Surtout nous n'avons pas la certitude qu'il ait existé
avant Chrétien un récit déjà organisé qui ait pu lui fournir
le patron de son *Lancelot*, et le roman que Ulrich de Zatzi-
khoven a traduit dans son *Lanzelet* est trop différent de celui
de Chrétien pour en avoir été le modèle. Mais il a existé
certainement en Grande-Bretagne une tradition, peut-être
de fabrication assez récente, mais bien attestée avant Chré-
tien, et qui rapportait le rapt de Guenièvre par un prince
étranger, Melwas, dont le nom paraît apparenté à celui
de Méléagant, puis la délivrance de la reine par Artur ou
ses guerriers, peut-être avec l'appui de sages personnages
qui peuvent être comparés avec le roi Bademagu. Voici
en effet, d'après le résumé de F. Lot, le récit que, dans sa
Vie de Saint-Gildas, (dont nous avons un manuscrit des
environs de 1164), un contemporain et peut-être ami de
Geoffroi de Monmouth, Caradoc de Llancarfan, nous rap-
porte :

« Dans la *Vita Gildae* attribuée à Caradoc de Llancarfan
il est question de « Glastonia », *id est Urbs vitrea, quae nomen
sumsit a vitro, est urbs nomine primitus in britannico sermone.*
Melvas, roi du sud (Somerset), s'y était réfugié après avoir
enlevé Guennuvar, femme d'Artur. Celui-ci vint l'y assiéger
avec une armée immense. Grâce à l'intervention de l'abbé
de Glastonbury et de Gildas, il n'y eut pas d'effusion de
sang. Melvas rendit sa femme à Artur. »

C'est bien là la charpente du Lancelot de Chrétien et le
personnage de l'abbé de Glastonbury, avec Gildas qui

l'accompagne, préfigure assez bien, comme seigneur de l'abbaye, le roi du pays de Gorre, mais c'est un *Lancelot* sans Lancelot, et même sans aucun héros arthurien personnellement désigné et nous n'avons aucun récit analogue avant celui de Chrétien.

Questions de chronologie. — En dehors de la mention de Marie de Champagne, il n'y a dans le *Roman de Lancelot* aucune allusion de caractère chronologique, mais il y a lieu de tenir compte de l'utilisation par Chrétien dans son roman d'*Yvain* de certaines données du *Lancelot*. On peut admettre en effet que *Lancelot* et *Yvain* appartiennent, dans l'œuvre de Chrétien, à une même période d'activité qui irait de 1177 à 1181. Il est question dans *Yvain* du départ de Gauvain à la poursuite du ravisseur de Guenièvre (vers 3706-3711) :

> Mes la reïne an a menee
> uns chevaliers, ce me dist l'an,
> don li rois fist que fors del san,
> quant aprés lui l'an anvoia.
> Je cuit, que Kes la convoia
> jusqu'au chevalier, qui l'an mainne...

(et vers 3918-3934) :

> Mes la fame le roi an mainne
> uns chevaliers d'estrange terre,
> qui l'ala a la cort requerre.
> Neporquant ja ne l'an eüst
> menee por rien, qu'il seüst,
> ne fust Kes, qui anbricona
> le roi tant, que il li bailla
> la reïne et mist an sa garde.
> Cil fu fos et cele musarde,
> qui an son tonduit se fia ;
> et je sui cil, qui ja i a
> trop grant domage et trop grant perte ;
> car ce est chose tote certe,
> que mes sire Gauvains, li preuz,
> por sa niece et por ses neveuz

> fust ça venuz grant aleüre
> se il seüst ceste avanture ; .....

Plus loin, aux vers 4740-4745, il est question de Méléagant et de Lancelot, et de la tour où ce dernier avait été enfermé par trahison :

> ... S'avoit tierz jor, que la reïne
> Estoit de la prison venue
> ou Meleaganz l'ot tenue,
> et trestuit li autre prison ;
> et Lanceloz par traïson
> estoit remés dedanz la tor. (éd. Foerster)

Ainsi les deux intrigues de la *Charrete* et d'*Yvain* se trouvent mêlées sinon imbriquées, ce qui se comprendrait plus facilement si les deux œuvres ont été composées par Chrétien dans la même période de temps. On devrait penser que Chrétien, ayant terminé *Yvain* en utilisant des données provisoirement réservées pour le *Roman de Lancelot*, ait pu se détacher de ce dernier et en confier l'achèvement à Godefroi de Laigny. Cette hypothèse présentée il y a peu d'années ne nous donnerait pas encore de date précise pour la composition de *Lancelot* au sujet de laquelle il n'y a rien à retenir des hypothèses fondées sur la mort, qui est mentionnée, dans *Yvain*, du sultan Noradin le 15 mai 1174. Mais, tout récemment, on a attiré l'attention sur l'emploi, unique chez Chrétien, du mot « croisé » aux vers 57-69-70 de *Lancelot*, où il est question de chevaliers qui, au tournoi, ne portent pas d'armes parce que « prison ou croisié se erent ».

Or l'attention devait être spécialement attirée en Champagne sur les croisades et les croisés en 1177-80, au moment de la prise de croix du comte en 1177-78 et du départ, au printemps de 1179, d'une nouvelle expédition dont Henri le Libéral ne devait revenir qu'en 1181 pour mourir.

On comprendrait d'ailleurs qu'ainsi la comtesse Marie ait été un peu détournée de son intérêt pour *Lancelot* et que Chrétien ait trouvé expédient à ce moment de finir

Yvain avant *Lancelot,* et d'abandonner l'achèvement de cette seconde œuvre à son collaborateur.

***

Si la *Charrete* a un prologue personnel, elle a aussi un épilogue d'auteur, mais de sens tout autre (v. 7120-34). Un clerc, Godefroi de Leigni, a repris et terminé *(parfinee)* la *Charrete* avec l'accord *(par le buen gré)* de Chrétien qui la commença, et Godefroi a rédigé cette fin à partir de l'emprisonnement de Lancelot dans la tour par la volonté de Méléagant, c'est-à-dire sans doute à partir du v. 6150, ce qui laisserait à son actif la rédaction, sinon l'invention, de la délivrance de Lancelot par la sœur de Méléagant, du retour de Lancelot à la cour d'Artur pour le dernier combat que réclame Méléagant et où celui-ci, vaincu par Lancelot sans merci possible, a la tête tranchée : arrivé là, Godefroi n'en peut dire davantage et Chrétien n'en avait pas eu sans doute plus à lui indiquer ; peut-être le caractère abrupt de cette fin a-t-il détourné Chrétien d'apposer là sa signature, et lui a-t-il fait laisser à un autre le soin de clore l'œuvre : selon lui peut-être, comme selon nous, elle n'aurait pu s'allonger que d'épisodes sans lien et sans progrès, et ne touchant plus guère à Lancelot et à Guenièvre.

***

L'histoire de Lancelot a donné naissance au moyen âge à des récits divers, certains fort importants, mais qui ne nous permettent pas d'atteindre des formes antérieures au récit de Chrétien, et qui font courir le danger d'attribuer au XIIe siècle et à Chrétien des pensées qui ne lui appartiennent qu'à distance, dont certaines même lui sont tout à fait étrangères. Il nous suffira de citer le *Lanzelet* d'Ulrich de Zatzikhoven (Suisse, fin du XIIe siècle), venu d'une œuvre peut-être anglo-normande — la *Crône* d'Henri de Turlin — et

surtout le livre consacré à la *Charrete*, dans le *Roman en
prose de Lancelot*, qui trouvera sa place dans l'ordonnance
majestueuse du *Lancelot-Graal*.

III. — LE RÉCIT.

Une analyse précise du roman est rendue difficile par la
multiplicité des épisodes, leur manque de lien logique et
par l'anonymat ou le manque de personnalité définie de
nombreux personnages (demoiselles, chevaliers, valets,
nains) ; elle a été tentée cependant en grand détail et utile-
ment par Gaston Paris, et, plus rapidement par d'autres.
Nous nous bornerons ici à un relevé sommaire des épisodes.
Voici d'abord des indications générales.

L'action se passe tour à tour dans le royaume de Logres,
qui est celui du roi Artur (au sud-est de la Grande-Bretagne),
et dans le royaume de Gorre, qui est celui de Bademagu
(au nord-ouest de Logres, dans la région de Bath).

Avec le roi Artur, nous trouvons la reine Guenièvre, le
sénéchal Keu, chevalier vaillant, mais présomptueux, Gau-
vain, chevalier parfait, mais ici assez peu efficace, et enfin
Lancelot du Lac, tardivement nommé et d'abord mysté-
rieux. Du côté de Bademagu, nous n'avons à nommer que
son fils Méléagant, chevalier valeureux, mais cruel et félon
autant que son père est bienveillant et courtois.

1. — A la cour que tient Artur, un jour d'Ascension, en un
de ses châteaux, se présente, sans se nommer, Méléagant qui
propose le marché, ou le défi, suivant : il y a, au royaume de
Gorre, un grand nombre de prisonniers du pays de Logres
qui ne peuvent quitter Gorre, royaume « dont on ne revient
pas » tant les passages en sont périlleux et bien défendus ;
si le roi Artur peut confier Guenièvre, son épouse, à un de
ses chevaliers pour la défendre, dans la forêt voisine, contre
Méléagant, les prisonniers retenus à Gorre seront délivrés

en cas de défaite de Méléagant ; mais la reine ira les rejoindre dans leur exil si le vaincu est son défenseur (30-79). Artur se tient pour obligé d'accepter ce défi, et, malheureusement, le soin de défendre la reine est revendiqué par le sénéchal Keu, auquel Artur la confie ; mais Keu sera vaincu, et l'on voit revenir son cheval tout sanglant. Gauvain et Artur se décident à suivre sa trace (171-267).

2. — A ce moment arrive, on ne saurait dire de quelle direction ou à quelle intention, sur un cheval fourbu, un autre chevalier (c'est Lancelot, dont on ignorera le nom longtemps encore). Il reconnaît Gauvain qui lui prête un cheval, mais, sans doute par discrétion chevaleresque, paraît ne pas reconnaître le chevalier. Toutefois, Gauvain le suivra.

3. — Le chevalier nouveau venu se précipite vers la forêt, mais il est à son tour démonté par les hommes de Méléagant sans doute placés en embuscade, et il doit poursuivre sa route à pied (317 et 345) jusqu'à ce qu'il rencontre une charrete menée par un nain discourtois (299-320). Ici, Chrétien, sans grande clarté (321-344) insiste sur le caractère infamant de la charrete, manière de pilori itinérant sur lequel monte Lancelot pour poursuivre sa quête, tandis que Gauvain, qui a rejoint Lancelot, refuse d'y monter. Bientôt tout le pays saura la honte acceptée ou voulue par Lancelot et abreuvera celui-ci de sarcasmes.

4. — Gauvain, qui suit à cheval, et Lancelot « charreté » par le nain, arrivent au château d'une première belle « demoiselle » qui les accueille très différemment l'un de l'autre et chez qui Lancelot doit subir l'outrage du lit défendu et l'épreuve de la lance enflammée ; il en sort vaillamment et sans dommage (420-534).

Au matin, par la fenêtre, il voit passer le cortège de Méléagant emmenant la reine, et il est bien près de se jeter à bas pour la suivre au moins du regard ; la demoiselle qui l'a honni consent cependant à lui donner cheval et lance (590).

5. — Reprenant leur quête de la reine, Gauvain et Lancelot trouvent à un carrefour une seconde demoiselle qui leur indique les deux ponts par lesquels il est, avec grandes difficultés, possible d'entrer au royaume de Gorre, où va être maintenant retenue Guenièvre ; le Pont « évage », c'est-à-dire le pont en l'eau (dont le tablier est recouvert par une hauteur d'eau aussi grande que celle qui coule en-dessous), et le Pont de l'Épée, étroit et tranchant comme une lame ; Gauvain choisit le premier, Lancelot va au second (710).

6. — Au début de sa quête Lancelot arrive, au bord d'une lande, à un gué défendu ; mais il est si profondément plongé dans sa pensée unique de la reine à rejoindre, qu'il n'entend pas les défenses qui lui sont faites, d'où combat, au terme duquel Lancelot, à la prière d'une troisième demoiselle qui accompagne son adversaire, accorde merci à celui-ci avec une courtoisie méritoire (931).

7. — Une quatrième demoiselle, qui paraît bien savoir ce que cherche Lancelot, se déclare prête à l'assister s'il lui donne son amour et le lui prouve cette nuit même. Cruel embarras pour Lancelot qui, à la différence de Gauvain, est peu soucieux d'amourette et ne saurait en encombrer sa quête de la reine. Lancelot réussit à garder intacte sa réserve, et la demoiselle s'offre néanmoins à le guider et à l'accompagner dans sa recherche (1325).

8. — Le voyage avec la demoiselle amène Lancelot à une fontaine et à un perron sur lequel la reine a laissé un peigne magnifique ; (est-ce pour jalonner son chemin à l'intention de ceux qui doivent la chercher ?). La demoiselle demande à Lancelot de lui donner le peigne, mais Lancelot garde les cheveux qui y adhèrent et les serre en son sein avec une émotion allant presque à la pâmoison (1499).

9. — Puis Lancelot et sa compagne s'engagent dans un chemin très étroit ; ils y sont rencontrés par un chevalier amoureux de la demoiselle et qui essaie de l'entraîner malgré

sa résistance et l'opposition de Lancelot. Un combat devrait s'ensuivre, mais il faut pour cela trouver une place plus favorable (1633).

10. — Ils arrivent ainsi à un pré où sont de nombreux joueurs, qui paraissent tous reconnaître le chevalier de la « charrete » et le honnissent. Un chevalier âgé, père de celui qui doit se battre contre Lancelot, empêche le combat, sans doute par prescience de la valeur et du destin de ce mystérieux chevalier. Mais le père et le fils décident de le suivre à distance pour se rendre compte de ce qu'il est (1828).

11. — Ils arrivent tous à un ermitage auprès duquel un cimetière renferme les futures tombes de divers héros arthuriens ; Lancelot y soulève sans peine l'énorme dalle du tombeau réservé à celui qui délivrera les prisonniers (c'est-à-dire, en fait, à lui-même) (2010).

12.. — Les voyageurs se séparent enfin, et Lancelot rencontre un chevalier qui l'héberge. Ce vavasseur, qui a cinq fils et deux filles, est lui-même originaire du royaume de Logres et plaint Lancelot d'être maintenant prisonnier comme lui. Mais Lancelot ne doute pas de pouvoir échapper à cette prison, et demande le chemin du Pont de l'Épée ; deux des fils du vavasseur vont désormais l'accompagner (2186).

13. — L'on indique à Lancelot qu'il passera d'abord par le dangereux Passage des Pierres ; Lancelot se rend compte que ses hôtes sont déjà informés de sa venue et de son rôle de libérateur.

14. — Le Passage des Pierres est défendu par une bretèche où sont un chevalier et des sergents ; ici encore on reproche à Lancelot l'aventure de la charrete, de là combat où Lancelot triomphe (2254).

15. — Puis Lancelot et ses compagnons rencontrent un homme qui, sous couleur de leur donner asile, les mène à une forteresse aux portes coulissantes qui retombent sur

eux ; mais un écuyer leur a appris la révolte des gens de Logres contre ceux de Gorre. Les voyageurs ainsi enfermés forcent une poterne sur la campagne et volent au secours de leurs compatriotes. Joie des « chétifs » qui voient leur délivrance et rivalisent d'empressement pour héberger leur sauveur (2437-2504).

16. — Tandis qu'il est l'hôte d'un autre vavasseur bienveillant qui a, lui aussi, de nombreux enfants, Lancelot est provoqué par un chevalier orgueilleux qui lui reproche encore la charrete et lui interdit le Pont de l'Épée. Combat (2566-2779).

17. — Battu, l'agresseur demande merci, mais une pucelle montée sur une mule rapide, vient réclamer la tête du vaincu, son ennemi. Indécision de Lancelot entre cette demande et son propre désir d'accorder la merci réclamée. Un second combat confirme la défaite de l'agresseur, dont la tête tranchée est remise à la pucelle, ce qui doit avoir des conséquences importantes (v. § 37).

18. — Les fils du vavasseur qui est de Logres suivent Lancelot jusqu'au terrifiant Pont de l'Épée. Audacieux, Lancelot se risque sur le pont tranchant, pieds, mains et jambes nus pour ne pas glisser, et réussit ainsi à passer au prix de cruelles blessures, sous les yeux de Bademagu le loyal et de son fils Méléagant le félon (3165) qui, d'une tour, suivent ce courageux exploit.

19. — Discussion entre le père qui conseille à Méléagant de rendre la reine Guenièvre à ce valeureux champion et le fils qui s'y refuse. Courtoisie de Bademagu qui fait soigner le blessé et lui donne des armes (3488).

20. — Combat entre Lancelot et Méléagant sous les yeux de la reine Guenièvre, que Bademagu, sur sa demande, a installée à une fenêtre. Une pucelle de Guenièvre, voyant le combat indécis à cause de blessures de Lancelot, et peut-être persuadée que celui-ci se défendrait mieux s'il se savait sous

le regard de la reine, demande à Guenièvre le nom de
l'adversaire de Méléagant. La reine le lui révèle, et à nous
du même coup : c'est Lancelot du Lac (3660). La pucelle
appelle Lancelot par son nom et lui montre celle qui le
regarde. Le premier résultat est que Lancelot, ravi en
extase, cesse d'être attentif à se défendre, jusqu'à ce que la
pucelle le rappelle à son devoir. Alors Lancelot triomphe de
son adversaire (3757).

21. — Bademagu demande à la reine de faire épargner
son fils ; la reine y consent et Lancelot, soumis et généreux,
arrête la lutte, malgré la déloyauté de Méléagant qui con-
tinue à lui porter des coups, et refuse encore à son père de
rendre la reine : enfin il cède, à la condition qu'au bout d'une
année il y aura à la cour d'Artur un nouveau combat des
deux adversaires (3898).

22. — Les prisonniers de Logres sont ainsi délivrés et
Lancelot est amené par Bademagu à la reine. Mais celle-ci
ne marque à son libérateur qu'un dédain que ni Bademagu
ni Keu ne peuvent expliquer, et Lancelot, désolé, mais
soumis, part à la recherche de Gauvain (4106).

23. — Mal renseignés sur l'accord de Lancelot et de Bade-
magu, les gens du roi s'emparent de Lancelot, et la nouvelle
se répand que celui-ci a été tué. Douleur de la reine qui
s'accuse d'avoir, par son dédain, été cause de la perte de
son sauveur ; elle renonce dès lors à toute nourriture. Lan-
celot, informé à son tour de cette décision, se désespère et
tente de se suicider (4294).

24. Cette double méprise, qui a donné lieu pour l'un et
pour l'autre à de longs monologues de chagrin et d'amour,
est enfin résolue, et Lancelot ramené à la reine. Explica-
tions : Guenièvre prétend n'avoir voulu que plaisanter, mais
elle reproche à Lancelot d'avoir, si peu que ce fût, hésité
à monter sur la charrete qui devait le rapprocher d'elle.
Excuses de Lancelot, que Guenièvre autorise à venir le

soir même lui parler, seul à seul, à la fenêtre de sa chambre
(4532).

25. — A la nuit, Lancelot vient par dehors jusqu'à la
fenêtre ; il se fait fort d'en écarter les barreaux de fer pour
se trouver plus près de Guenièvre, si celle-ci le veut. La reine
répond doucement « : Je le veux bien. » Il réussit, non sans
se blesser aux mains, à pénétrer dans la chambre, et cette
nuit est une nuit d'ineffable amour (4697).

26. — Les coupures que les barreaux de la fenêtre ont
faites aux mains de Lancelot ont saigné et taché les draps
de la reine. Au matin, Méléagant, entrant dans la chambre,
aperçoit les taches de sang. Il les attribue à Keu, blessé et
couché dans la même salle et dont les blessures se sont en
effet rouvert :s et saignent. Il accuse donc la reine d'adultère
avec Keu (4900).

27. — La reine fait prévenir Lancelot qui vient soutenir
l' « escondit », les dénégations du sénéchal. Nouveau combat
de Méléagant et de Lancelot, combat arrêté une fois encore
par le souhait de Bademagu et le consentement de la reine
et de Lancelot, avec remise au combat prévu après un an
à la cour d'Artur (5043).

28. — Lancelot, de nouveau, repart à la recherche de
Gauvain qui, pendant ce temps, a tenté de passer, non sans
difficulté et dommage, au Pont Évage. Avant d'être arrivé
auprès de Gauvain, Lancelot a le tort de céder à l'offre que
lui fait un autre nain de le mener seul en un très bon séjour.
Ce nain est, lui aussi, un traître aux ordres de Méléagant :
lorsque les compagnons de Lancelot ont réussi à tirer Gau-
vain de l'eau où il est tombé, ils ne peuvent plus retrouver
Lancelot.

29. — Une lettre mensongère apprend aux amis de Lan-
celot qui se dirigent maintenant vers la cour d'Artur que
le chevalier y serait déjà arrivé : c'est de nouveau un essai
félon pour empêcher Lancelot de recevoir aucun secours
(5359).

30. — Il semble que Lancelot ait été amené chez un séné-
chal de Méléagant qui le tient emprisonné. Cependant la
nouvelle se répand jusqu'à Lancelot dans sa prison que
deux dames de la cour de la reine, les dames de Noauz et
de Pomelegloi, ont organisé un tournoi pour lequel la reine,
à son retour, donne son accord et promet sa présence.

31. — Lancelot, désolé de ne pouvoir prendre part à
cette noble rencontre, obtient de la femme du sénéchal,
en l'absence de celui-ci, la permission de quitter pour peu
de jours sa prison, sous réserve qu'il y reviendra certaine-
ment. Les choses s'organisent ainsi et la dame prête même
à Lancelot les armes vermeilles de son mari et un cheval
vigoureux (5501).

32. — Lancelot arrive de cette façon à Noauz, en secret,
mais un héraut le reconnaît et, malgré la consigne de silence
que lui impose Lancelot, il crie partout que : « Or est venu
qui l'aunera » (5563).

33. — Premier jour du tournoi : triomphe éclatant de
Lancelot inconnu. Mais la reine, intriguée par la valeur de
ce chevalier et voulant savoir s'il n'est pas Lancelot, lui
fait dire par une de ses suivantes qu'il fasse « au noauz »
(« au plus mal »). Lancelot obéit et se couvre de honte par
sa manifeste lâcheté.

34. — Au second jour de tournoi, la reine pense bien
que ce chevalier triomphant, puis volontairement couard,
n'est autre que l'adroit et l'obéissant Lancelot ; pour éviter
toute surprise, elle lui fait dire de faire de nouveau « au
noauz », il obéit cette fois encore et elle peut changer de suite
son ordre en celui de faire « au mieulz ». Nouveau triomphe
de Lancelot, qui après sa victoire, quitte en se dissimulant
le champ du tournoi pour regagner sa prison (6058).

35. — La femme du sénéchal est ravie du retour de Lan-
celot, mais elle n'en a pas moins conté à son mari la per-
mission d'absence qu'elle a accordée ; Méléagant en est avisé

et, pour donner à Lancelot une prison dont il ne pourra plus s'échapper, il fait construire, près de Gorre au bord d'un bras de mer, une tour sans autre ouverture qu'une petite fenêtre par où on peut passer quelques maigres vivres, et il y fait enfermer Lancelot (6146).

36. — Sûr ainsi de l'absence de son adversaire, Méléagant vient à la cour d'Artur réclamer le combat promis. Gauvain s'offre à prendre la place de Lancelot absent. Le roi Bademagu s'efforcera en vain d'apaiser son fils (6374).

37. — Mais la conversation du père et du fils est entendue d'une sœur de Méléagant ; elle voudrait, elle aussi, savoir ce qui est advenu de Lancelot, auquel elle s'intéresse, car c'est la jeune fille à qui Lancelot avait livré la tête de son ennemi (v. § 17). Encore montée sur sa mule rapide, elle parcourt à l'aventure tout le pays. Elle finit par arriver devant la tour au bord de la mer, et elle y entend des plaintes ; elle se doute que c'est Lancelot qui y est enfermé, elle l'appelle par son nom (6537) et elle lui procure un pic avec lequel il élargit la petite fenêtre de la tour (6625) ; le voilà libre.

38. — Méléagant, revenu à la cour d'Artur pour la bataille qu'il souhaite, réclame insolemment Lancelot (6735). Gauvain s'est armé pour remplacer l'absent, quand il voit arriver (6787) Lancelot lui-même qui explique la félonie de son ennemi (6891). Combat décisif ; Méléagant est tué.

39. — Épilogue de Godefroi de Leigni.

IV. — LE « SEN » DE L'ŒUVRE.

Plus que la « matière », d'origine incertaine, mise en œuvre par Chrétien ou Godefroi, on serait désireux de connaître l'intention et la formule du « sen » proposé par la comtesse Marie et que le poète, ici comme ailleurs, laisse à ses lecteurs

ou auditeurs le soin de dégager eux-mêmes ; cela permettrait
sans doute de comprendre la structure du roman de Chrétien
et d'apporter quelque clarté dans les obscurités ou les incohé-
rences que l'on y relève.

Laissons de côté les interprétations mythologiques qui
supposent Guenièvre emportée au royaume de la Mort et
arrachée à celui-ci par Lancelot, ou représentant la « Reine
de mai », ravie par l'ardeur du Roi de l'Été, etc. Il se peut
qu'un conteur ou un auditeur en ait aperçu quelque chose,
comme en transparence, mais cela n'apparaît ni dans la
description du décor, ni dans le jeu des personnages, ni
dans la contexture du conte.

Nous renonçons aussi aux interprétations de psychologie
sociale, qui, reconnaissant, avec raison, chez Lancelot un
conflit entre la coutume chevaleresque et l'amour, veulent
voir là le sujet même de l'œuvre et trouvent en celle-ci
l'exemple et la preuve de la supériorité accordée un moment
par Chrétien à l'amour, comme l'a pensé Mᵐᵉ Lot-Borodine.
Pour nous, il n'est pas ici question de doctrine morale, mais
plutôt de l'étude d'une situation, le vassal et la suzeraine,
et de la rencontre de hauts caractères, Lancelot, ami hors
pair, et Guenièvre, dame noble et prudente avec une âme
passionnée.

Qu'est donc Lancelot du Lac ? Un chevalier de l'entourage
d'Artur, dont nous connaissons déjà par *Erec* et *Cligès*, au
moins le nom, mais pas beaucoup plus, égal, sinon pareil,
à Gauvain, mais sans caractéristique définie, si ce n'est
quelque rapport avec des êtres supra-humains, comme la
Demoiselle du Lac, une fée, qui l'a élevé, peut au besoin
le secourir (2350), et lui vaut peut-être la bienveillance
d'autres « demoiselles ».

Il n'y a aucune raison d'affirmer qu'il y ait dès le début
du roman, entre Lancelot et Guenièvre, une dilection spé-
ciale, pas plus que pour Erec, qui s'expose, lui aussi, gra-
tuitement, comme Lancelot, à de graves difficultés pour
venger l'honneur de sa souveraine. L'on peut imaginer, d'après

la leçon choisie par Foerster, que Guenièvre pense à Lancelot quand elle laisse entendre au comte Guinables (209) que, si certain était averti, elle en aurait un secours qui lui manque, mais elle aurait pu songer à n'importe lequel des guerriers qui entourent Artur, à défaut même de Gauvain, embarrassé par une décision irréfléchie du roi son oncle.

Lancelot, qui a le tort de n'être pas à la cour en ce jour d'Ascension où Méléagant vient présenter l'aventure coutumière et attendue, accourt, il est vrai, sans tarder, mais il n'avait pas besoin d'être appelé, ni même averti autrement que par les nouvelles rapides qui courent ce monde extra-normal où tout ce qui se passe se sait, comme dans le royaume de féérie de Perrault ou dans la Jungle de Kipling. L'on s'explique de même manière que la honte de la « charrete » soit immédiatement connue de tous, et que les personnages prennent d'avance le parti, soit de Méléagant contre ses adversaires possibles et tentent ainsi de retarder leur route (comme font les nains, certains chevaliers, certaines demoiselles), soit de Lancelot contre Méléagant (les vavasseurs hospitaliers, d'autres demoiselles, etc.). Lancelot accomplit son devoir de vassal en assurant ses services à la reine Guenièvre, et Guenièvre les accepte sans plus, comme ailleurs le service d'Erec, sans que Lancelot soit pour cela son chevalier, et moins encore son amant, et sans qu'elle-même soit la dame exigeante, dominatrice, au besoin cruelle, qu'on a voulu imaginer.

Lancelot a cependant des traits peu communs : c'est un amant mystique, qui n'a besoin ni de se déclarer, ni d'être encouragé ; c'est aussi un amant extatique, sur lequel agit, jusqu'à l'annihilation de sa personnalité propre et l'acceptation de tous les sacrifices, la seule pensée de l'objet aimé, encore plus la vue ou la parole de celui-ci, ou le contact de ce qui lui a appartenu (par exemple les cheveux restés au peigne abandonné par Guenièvre) ; Perceval tombera de même en une extase annihilante devant les gouttes de sang sur la neige qui lui rappellent le teint de son amie.

Lancelot est aussi un prédestiné, fait d'avance à la mesure de toutes les tâches qui lui incombent ou qu'il s'impose ; sa force, sa beauté, son courage le désignent comme tel, et l'ermite du cimetière futur confirme en lui la conscience de cette prédestination pour des actions héroïques ou surhumaines. Cela explique la hâte de Lancelot à voler sans cesse vers la suite de ses entreprises, auxquelles il ne saurait se soustraire, et aussi la certitude tranquille avec laquelle il en aborde les dangers (lit périlleux, lance enflammée, Pont de l'Épée).

Cette prédestination est avouée, reconnue, par les autres personnages, le vieillard de la lande et son fils outrecuidant, l'ermite, les demoiselles (même hostiles au « charreté »), les captifs de Gorre, les hôtes serviables, et la demoiselle amoureuse (1275-1278).

On peut noter aussi les vertus chevaleresques de Lancelot que manifestent tour à tour sa Largesse et sa Pitié.

Quant à Guenièvre, elle apparaît très peu dominatrice ; elle accomplit strictement son devoir d'épouse et de suzeraine à l'égard du roi Artur et aussi du sénéchal Keu ; il se peut qu'elle ait accordé quelque attention au respect et aux mérites de Lancelot, mais nous l'ignorons, comme Lancelot lui-même ; ce n'est pas Guenièvre qui l'a appelé à son aide, et, quand elle le reconnaît au royaume de Gorre, elle ne manifeste aucune joie de cette rencontre, aucune reconnaissance de l'effort tenté pour elle, pas plus qu'Iseut n'en manifeste publiquement au Tristan, pèlerin miséreux, de la Blanche Lande, car sa dignité et son devoir d'épouse lui interdisent aussi bien de demander cette aide que de la reconnaître.

La lecture de Chrétien peut suffire à suggérer cette explication, mais Godefroi de Leigni en donne la formule précise, conformément sans doute à la pensée de Chrétien (6833-6853) ; il s'agit du manque d'accord entre le cœur de Guenièvre qui est tout à la joie du retour de Lancelot, et son attitude qui ne le manifeste pas :

N'estoit bien la joie anterine ?   6833
a y donc corroz ne haïne ?
Nenil certes, ne tant ne quant,
mes puet cel estre, li auquant :   6836
li rois, li autre, qui la sont,
qui lor ialz espanduz i ont,
aparceüssent tost l'afeire,
s'ainsi, veant toz, volsist feire   6840
tot si con li cuers le volsist ;
et se reisons ne li tolsist
ce fol panser et cele rage,
si veïssent tot son corage ;   6844
lors si fust trop granz la folie.
Por ce reisons anferme et lie
son fol cuer et son fol pansé ;
si l'a un petit racenssé   6848
et a mis la chose an respit,
jusque tant que voie et espit
un boen leu et un plus privé,
ou il soient mialz arivé   6852
que il or ne sont a ceste ore.

Comment dès lors parler d'emblée, ainsi qu'on le fait, des « amours » de Lancelot et de Guenièvre ? Bien plus, s'il est un des chevaliers d'Artur pour lequel Guenièvre manifeste une particulière sollicitude, ce n'est pas Lancelot, c'est Gauvain, le neveu du roi, dont elle s'enquiert d'abord chez Bademagu, et sans lequel elle ne veut pas revenir à la cour d'Artur, comme si Gauvain était son garant et son défenseur naturel.

Chrétien oppose bien la « raison » qui éloigne Lancelot de la « charrete » et l' « amour » qui le pousse à y monter (365-377), mais il n'est pas dit précisément qu'il s'agisse d'amour pour Guenièvre, ni surtout d'un amour avoué, accepté, partagé, et non d'un sentiment secret, profond et sans espoir. Il y a, à la vérité, la nuit de passion chez Bademagu, à la fois soudaine, violente et révélatrice d'amour réciproque, mais c'est la récompense suprême, tardive et inespérée, d'un amour qui est une religion secrète, telle une « grâce » subite qui couronne une « foi » mystique.

Des commentateurs ont pu se demander si cette scène ardente, lorsque Lancelot et Guenièvre auront tous deux retrouvé leur place à la cour d'Artur, ne va pas être suivie de la régulière banalité d'un adultère ; Chrétien n'en laisse rien supposer, et ce n'est pas une nécessité. Tristan et Yseut, même après les sublimes moments du Morois, n'ont-ils pas fini par vivre encore, plus ou moins séparés, avant leur réunion dans la mort ! La nuit chez Bademagu peut n'avoir pas été précédée ni devoir être suivie d'autres pareilles, malgré la passion des deux héros.

La littérature française moderne a connu de même des passions à la fois discrètes et devinées, partagées même, mais toujours secrètes, et que consacre un jour une révélation magnifique, sans suite possible comme sans début : Saint-Mégrin et Catherine de Clèves chez Alexandre Dumas ; Ruy Blas et Maria de Neubourg ; Félix de Vandenesse et Madame de Mortsauf chez Balzac ; Frédéric Moreau et Marie Arnoux chez Flaubert, avec le même don du héros pouvant aller jusqu'au sacrifice, et la même réserve douloureuse de l'héroïne jusqu'à la catastrophe.

Il n'est pas sans intérêt de trouver cette situation dès le début du roman français, et cela s'accorde avec les états d'extase ou d'inhibition de la conscience personnelle qui saisissent Lancelot, tel un héros romantique, à la vue, à la voix, à la pensée de Guenièvre, avec ses attitudes d'adoration religieuse devant la couche de la souveraine (4652, 4716), avec la ferveur qui l'attache à tout ce qui vient d'elle, et aussi avec l'acceptation, commune à l'un et à l'autre, de la mort devant la ruine de l'amour avoué.

On a tenu par contre à retrouver chez Guenièvre les rigueurs et les duretés de la dame « sans merci » à propos de l'épisode de la « charrete » et du tournoi de Pomeglegloi. Nous avons pu montrer, il y a déjà bien des années, que c'est là illusion de lectures rapides. Ce n'est pas Guenièvre qui suggère à Lancelot, afin d'abaisser son orgueil de chevalier, de monter sur la charrete ; elle lui reprochera seule-

ment de ne pas l'avoir fait du premier élan, encore était-ce
là plutôt plaisanterie et utile dissimulation. L'ordre de
faire « au noauz » à Pomelegloi n'est qu'un moyen de s'assu-
rer qu'elle a bien devant les yeux, dans le mystérieux combat-
tant du tournoi, Lancelot, que l'on croit perdu, et la répétition
de cet ordre, immédiatement suivi d'un contre-ordre, n'est
qu'une vérification prudente pour éviter une surprise de
dangereux et subtils ennemis.

Au lieu de s'arrêter à la rigueur de Guenièvre, il serait
plus juste, et humainement plus intéressant, de dégager,
avec Miss Southward, les traits qui peuvent laisser deviner
chez la reine, au cours de l'histoire, une modification de
sentiments. Indifférente encore, peut-être, au début, à
l'égard de Lancelot, elle se rend bien vite compte, comme
les autres, en ce pays où tout se sait, que la quête redoutable
du chevalier est entreprise pour la délivrer, et elle consentira
à reconnaître son défenseur lors de son combat avec Méléa-
gant au pied de la tour de Bademagu, d'où elle a, elle-même,
souhaité assisté à la bataille ; on peut penser que c'est avec
quelque satisfaction qu'elle révèle à son entourage, et à
nous, le nom de ce chevalier, jusque-là anonyme et mys-
térieux, mais qu'elle connaît :

> Lanceloz del Lac a a non   3660
> Li chevaliers, mien escïant.

Il est vrai, quand Bademagu vient lui présenter Lancelot,
son libérateur, que Guenièvre fait à celui-ci le plus froid
accueil, ne lui parle pas et se retire, sans lui répondre, dans
une chambre voisine. Mais elle ne lui dit, du moins directe-
ment, aucune parole désobligeante. On peut noter surtout,
alors qu'elle connaît certainement l'épisode de la charrete,
sur lequel tant d'autres personnages ont déjà glosé de la
façon la plus pénible, et dont Lancelot se demandera s'il
n'est pas à l'origine de cette réception peu courtoise, que
Guenièvre n'a fait aucune allusion du type de celle de la
demoiselle hôtesse de Lancelot ;

> il a en la charrete esté ?   578
> Bien doit voloir qu'il fust ocis.

N'est-ce pas qu'elle a compris que Lancelot n'a accepté cette honte que pour elle, et qu'elle pense, selon la formule du chevalier :

> qu'an ne porroit dire de boche
> riens qui de par Amors venist,
> qui a reproche apartenist.   4358

Et on s'expliquerait bien aussi, par là, comment Guenièvre, accueillant un peu plus tard ouvertement Lancelot, ne lui parlera de la charrete que pour lui faire remarquer, par une taquinerie amusée, qu'il a eu une légère hésitation avant d'y sauter. Cela prouve au moins qu'elle a réfléchi à l'incident, et ne peut douter de l'amour qu'il atteste chez Lancelot, amour qui mérite d'être payé de quelque retour : nous sommes loin de l'indifférence apparente du début.

Ainsi le chevalier « charretier », honni de presque tous, peut devenir le chevalier aimé de Guenièvre, et la suite fidèle de son service d'amour et de ses exploits amènera celle-ci à lui consentir la faveur de l'entretien secret à la fenêtre ; alors pourra jaillir l'étincelle de passion qui éclairera et enflammera l'âme de la reine elle-même, et lui fera répondre à l'ardente, mais timide, sollicitation de Lancelot par le définitif aveu, si simple et presque naïf :

> « Certes, fet ele, jel voel bien.   4616

(quelque valeur qu'on donne à ce « bien », consentement discret ou désir certain). Peut-être est-ce là le véritable « sen » du roman et le beau thème suggéré à Chrétien par Marie de Champagne : l'amour s'emparant peu à peu du cœur altier d'une dame souveraine, et triomphant de sa naturelle et légitime réserve, devant la grandeur continue de l'adoration et des sacrifices du vassal. Cela donnerait au personnage de Guenièvre une richesse psychologique qui la mettrait au niveau de Lancelot, et la *Charrete* apparaîtrait comme un roman d'âmes et non plus seulement d'aventure.

Cette interprétation pourrait rendre compte du titre, *Le chevalier de la Charrete*, et de la place qu'y tient ce véhicule infâmant (charrete patibulaire ou pilori itinérant), voiture peu noble pour transport d'infirme (« contret » 440), qui ne joue pas de rôle utile après les premières scènes, et dont on ne parvient à déterminer ni le sens ni l'origine, si bien que l'on est tenté de l'attribuer à la seule imagination de l'auteur à la recherche d'une circonstance fâcheuse pour son héros. Notons que les personnages principaux ne paraissent pas accorder beaucoup d'attention à la valeur symbolique de la charrete. Si Gauvain refuse d'y monter, ce n'est pas à cause de la honte qui s'y attache, mais parce qu'il préfère raisonnablement son bon cheval à un mauvais tombereau ; ni le sage vieillard de la lande aux jeux, ni Bademagu n'en remarquent l'infamie ; il ne sera plus question de la charrete que pour en tirer raillerie ou irrespect pour le chevalier qu'on affuble du titre de « chevalier de la charrete », et nous avons vu que Guenièvre ne s'en soucie pas. Mais le dédain qu'elle montre pour ces railleries est la preuve à la fois d'un sentiment plus doux à l'égard de Lancelot et de la raison qui le légitime : l'honneur du monde et l'estime des gens n'est pas l'honneur ou l'estime des cœurs, et c'est le cœur qui est ici en jeu et non pas la coutume ou la mode. Le chevalier « de la charrete » n'est pas plus honni ou plus ridicule pour Guenièvre que « l'homme aux rubans verts » n'est ridicule pour Eliante, et même pour Célimène, ou que Dorante n'a, pour Silvia, gardé quelque chose de son humble condition passagère de Bourguignon.

Les lamentations de Guenièvre à la nouvelle erronée de la mort de Lancelot (4224-29) ne laissent pas de doute sur les sentiments de la reine et leur progression : elle y dit à la fois son absolue chasteté à la cour d'Artur, et sa douleur que l'union totale, qu'elle imagine maintenant, soit désormais impossible entre elle et Lancelot.

> Ha ! lasse ! Con fusse garie,   4224
> et com me fust granz reconforz
> se une foiz, ainz qu'il fust morz,
> l'eüsse antre mes braz tenu.   4229
> Comant ? Certes, tot nu a nu,
> por ce que plus an fusse a eise.

Il ne serait pas impossible, et il serait très tentant de discerner chez Lancelot une progression symétrique d'attitudes et de sentiments. Dans le début du roman, il semble que Lancelot se lance à la poursuite de Méléagant moins pour retrouver la reine que pour châtier un provocateur insolent, puis il laisse percevoir l'intérêt sentimental qu'il prend à cette quête, au point que Gauvain intervient pour l'inviter à plus de réserve et de prudence (565-574). Puis il se laisse entraîner par l'évidence qui frappe chacun autour de lui, et il en arrive à avouer au bienveillant vavasseur de Logres (2137) qu'il n'est venu au royaume de Gorre que pour la reine. Si cet aveu, qu'il répète (3347) à Bademagu, n'a rien qui puisse compromettre Guenièvre, il n'en est pas moins vrai, surtout quand la reine aura révélé elle-même le nom de Lancelot du Lac (3660), que nous sommes déjà loin de la réserve absolue que s'était d'abord imposée Lancelot et l'on devrait penser que celui-ci a dès ce moment fait assez de sacrifices à Guenièvre pour avoir quelque droit, sinon d'en espérer une récompense, au moins de ne plus les entourer d'une discrétion si jalouse, en attendant que Guenièvre elle-même en accepte l'hommage (4460-4500). Ainsi le roman ne se trouve pas encore conclu, mais il est noué entre les deux héros qui ont pris la juste conscience d'eux-mêmes et aussi l'un de l'autre.

V. — ÉPISODES, TABLEAUX ET PERSONNAGES, SCÈNES DIVERSES.

Le récit de *Lancelot* comporte des épisodes accessoires dont la variété rompt la longue série de chevauchées, de quêtes et de joutes, et entoure les héros principaux de silhouettes rapides qui rendent l'ensemble plus vivant.

Certains de ces éléments, en somme peu nombreux, et de portée restreinte, ont un caractère merveilleux, ou au moins fantasmagorique, qui place le roman dans une atmosphère de fantaisie et d'irréalité de nature à nous en rendre moins choquantes les étrangetés. Ainsi :

1° Lancelot a reçu de la Demoiselle du Lac qui l'a élevé un anneau merveilleux qu'il lui suffit de placer devant ses yeux pour faire disparaître les phantasmes illusoires qui pourraient troubler son jugement (v. 2336 et v. 3125).

2° Des lattes du château de la première demoiselle qui l'héberge descend soudain une lance au pennon enflammé qui met le feu au lit du héros et il faut pour l'éteindre et s'en dégager la décision rapide et le courage de Lancelot (v. 514-534).

3° Un danger moins précis et peut-être illusoire, se présente au *Passage des Pierres* dont le défenseur est soutenu par des sergents, armés de haches, qui disparaissent, terreur ou magie, dès que Lancelot a jeté bas leur chef.

4° Même disparition soudaine de toute la troupe accompagnant le chevalier qui voulait mettre à mal la demoiselle amoureuse de Lancelot, troupe qui n'était peut-être qu'un prestige suscité par la demoiselle elle-même, puisqu'il suffira d'un ordre de celle-ci pour faire disparaître tous ces assaillants, épreuve mais non obstacle pour le courage de Lancelot.

5° Disparition merveilleuse encore, au moins en apparence, que celle des deux lions enchaînés au bout du Pont de l'Épée et qui emplissent d'effroi les compagnons de Lancelot, mais que celui-ci ne retrouve plus une fois qu'il a passé le pont, comme si ces lions n'étaient qu'une sorte de matérialisation imaginaire des craintes possibles du héros, que le succès de son entreprise rend vaines et abolit.

6⁰ C'est bien une prémonition miraculeuse que celle qui montre à Lancelot dans le cimetière du moustier les tombes futures de certains héros d'Artur, avec l'indication de leur nom, et même la tombe de celui qui doit délivrer les captifs de Gorre, c'est-à-dire, comme nous le savons, Lancelot lui-même, ce qui n'empêche pas le héros de soulever la dalle, d'un poids extraordinaire, qui couvre cette tombe.

7⁰ Il n'y a pas de magie, mais seulement une machinerie surprenante dans la descente des portes, ou des herses, qui barrent en tous sens la route de Lancelot et de ses compagnons, trait étonnant dont Chrétien tirera un meilleur parti dans *Yvain*.

.•*•.

En dehors de ces effets de surprise, d'ailleurs inexpliqués, et sans résultat notable, le récit de Lancelot est coupé par des tableaux de foule, plus naturels et plus vivants. Ainsi la foule qui se presse autour des joutes successives de Lancelot et de Méléagant, celle plus nombreuse encore qui assiste ou prend part aux journées du tournoi de Noauz, la foule des joueurs qui se rencontrent à cette sorte de kermesse dans la lande où on amène Lancelot, et il faudrait aussi tenir compte du public qui nargue le chevalier « charreté » par le nain discourtois.

On peut être frappé de ce que ces mouvements de foule comportent, par exemple à Noauz, de propos abondants, divers, tels les « propos des buveurs » de Rabelais, des railleries dont on abreuve Lancelot pour sa couardise apparente et du même coup le héraut pour la forfanterie de ses propos. Ou, encore à Noauz, les bavardages des spectateurs sur les participants de la joute et sur les armes dont ils sont revêtus : étalage bourdonnant et comique du désir des spectateurs de paraître renseignés sur les assistants au tournoi et sur leurs noms étranges.

Ce ne sont plus des foules en mouvement que nous

montrent les demoiselles qui assistent au tournoi, avec l'espoir d'y trouver les vaillants guerriers qui les distingueront, mais encore des groupes vivants et plaisants qui feront naître un moment un sourire railleur sur les lèvres de la reine Guenièvre, mieux renseignée que ces jeunes filles sur les intentions possibles de tel combattant.

Outre ces foules et ces groupes aux éléments peu discernables, il y a dans *Lancelot* un certain nombre de silhouettes individuelles plus définies : la femme du sénéchal, complaisante, rêvant sans doute d'une aimable reconnaissance, mais y renonçant sans mauvaise grâce, quand elle se rend compte que cette reconnaissance n'est pas pour elle ; la sœur de Méléagant, active, rapide et fidèle, la suivante de la reine, une fine mouche, qui devine bien les sentiments de sa maîtresse et ceux de Lancelot, et sait leur prêter son assistance, le vieux roi Bademagu et le vieillard de la lande des jeux, tous deux courtois, sages et féconds en discours, et, en face de ces deux charitables vieillards, leurs fils outrecuidants, dont l'un reste loyal et courtois, tandis que l'autre, Méléagant, pousse l'orgueil et la discourtoisie jusqu'à la folie et la cruauté. Peut-être, d'ailleurs, était-il dans l'intention de Chrétien de souligner par cette différence le caractère haïssable de Méléagant et légitimer ainsi son châtiment, sinon il y aurait eu quelque abus à redoubler le couple vieillard et fils, dont un seul exemplaire était vraiment utile.

La présentation de ces tableaux ou de ces silhouettes ne va pas sans quelque humour et même sans une pointe de comique qui atteint à l'occasion les héros même de Chrétien.

La charitable confiance et les bons avis de Bademagu pour Lancelot blessé, et ses sages conseils à Méléagant, s'expriment en des discours dont la répétition et l'étendue peuvent paraître excessives.

La tendance de Lancelot à l'extase et à l'oubli de soi lui valent justement les observations de Gauvain et la surprise de sa compagne de route. Le rappel de Lancelot à la conscience de la réalité par sa chute inattendue, à plat, dans l'eau du gué, tandis que sa lance et son bouclier s'en vont à la dérive, est vraiment plus comique que touchant. Son adversaire se retrouvera aussi étendu tout à plat dans le gué qu'il défendait, et l'élégant Gauvain ne fera pas meilleure figure quand, pour avoir imprudemment tenté de passer le Pont Évage, il se trouvera, lui aussi, dans l'eau, non pas à plat, mais balloté par le flot, comme un bouchon, et qu'il faudra l'en retirer avec des perches ou des crocs, et lui laisser rendre tout l'excès d'eau qu'il aura bu, avant de pouvoir l'entendre parler.

On pourra bien expliquer par l'obligation du « don contraignant » l'abandon inconsidéré, que fait Artur à Keu, de la défense de la reine, et Gauvain pourra reprocher à son oncle, à l'oreille, cette grande étourderie, mais Artur, en lui donnant en principe raison, ne se joindra pas efficacement à lui pour protéger Guenièvre, et Gauvain lui-même ne sera à celle-ci que d'un mince secours, ce qui diminue notre respect de cet incomparable chevalier. Le sénéchal Keu, dont on nous vante ailleurs la vaillance, et aux genoux de qui tombe la reine pour obtenir qu'il reste à la cour, aura lui aussi une attitude médiocre, car il sera fort mal traité par les amis de Méléagant et par celui-ci même, estimera son honneur diminué du fait de son échec et de la réussite de Lancelot, et arrivera à cette situation ridicule d'être accusé de n'avoir pas respecté le lit de la reine et d'être défendu par celui-là même qui en est coupable, à savoir Lancelot.

Le noble exercice des armes et les gloires du combat peuvent s'accommoder de circonstances plaisantes. On pourra noter que dans le roman les joutes ne sont pas très cruelles, ni dangereuses, elles aboutissent, si l'on ne tient pas compte des blessés et des chevaux tués, à trois morts, dont l'un est Méléagant, ce qui est justice, dont le second est le chevalier de Gorre, abattu le premier par Lancelot à la tête des révoltés de Logres, et dont le troisième est mis à mort par Lancelot, à la demande d'une dame, la propre sœur de Méléagant. Tous les combats ne sont pas de violents échanges de coups de lance ou d'épées, il en est où Lancelot semble jouer avec des adversaires qu'il rend, par là-même, ridicules. Ainsi ce fils du roi d'Irlande, si fier de ses premiers succès, et que Lancelot ne se donne même pas la peine de vaincre : il l'immobilise, d'un coup d'escrime habile, son bouclier contre le bras, et le bras contre le buste.

Dans le combat inégal qui a lieu dans la chambre de la demoiselle que l'on veut forcer, Lancelot trouve le moyen de tenir tête à deux chevaliers armés d'épées, à quatre sergents armés d'énormes haches, sans avoir lui-même à tirer ou à brandir une arme. Il esquive, par une feinte habile, les coups des chevaliers, il bouscule des coudes et des bras les porteurs de haches et, contre ceux qui viennent à la rescousse, il se couvre du corps même de celui qui voulait forcer la jeune fille, et qu'il arrache de son lit, à la suite de quoi il bondit par-dessus ce lit, jusque dans la ruelle où, bien abrité, il défie les assaillants qui n'ont d'autre ressource que de s'en aller penauds. Par contre, dans le dernier combat avec Méléagant, dont les conséquences seront graves, Lancelot paraît se servir d'un jeu d'escrime qui devait intéresser ses auditeurs, et qui met constamment à sa merci son fâcheux adversaire.

Il y aurait intérêt à noter, que dans la plupart de ses combats, Lancelot fait preuve de générosité et de largesse, dès que l'adversaire lui demande merci, ou qu'on le demande pour lui.

Si Chrétien a évidemment voulu varier les tons dans son roman de *Lancelot*, et mêler merveilleux, humour, bataille, charité et danger, il n'est pas moins notable qu'il ait voulu mêler aussi les genres et intercaler dans son roman d'amour et de lutte, des morceaux proprement lyriques, par exemple :

1º (4197-4244), les regrets de Guenièvre à la nouvelle, heureusement erronée, de la mort de Lancelot ;

2º (4262-4283), la plainte de Lancelot désespéré ;

3º (4318-4396), nouvelle plainte de Lancelot appelant la mort qui le fuit ;

4º (6468-6529), complainte de Lancelot, dans la tour, contre la Fortune, et même contre Gauvain, complainte qui peut paraître un peu longue pour un malheureux aussi épuisé que Lancelot. La responsabilité n'en est pas, il est vrai, à Chrétien, mais à son successeur, Godefroi de Leigni.

Il n'y a sans doute pas lieu d'insister sur un trait rare chez Chrétien, mais peut-être ici volontaire, et qui touche aux relations charnelles. Chrétien veut être discret, lorsqu'il s'agit de la nuit de Lancelot et de Guenièvre chez Bademagu ; mais il s'est amusé précédemment à marquer la lenteur de Lancelot à rejoindre la demoiselle qui lui demandait de partager sa couche, la sorte de maladresse qu'il a mise à se dépouiller de ses vêtements, la réserve qui lui en a fait garder une partie, et, pour la demoiselle aussi, ses précautions pour éviter tout contact, etc. : son auditoire pouvait s'en amuser et de même de la répétition du verbe *adeser*, « toucher de près », pour Méléagant (ou plutôt contre lui), pour l'assaillant de la jeune fille à la robe relevée jusqu'au nombril, etc...

VI. — LA COPIE DE GUIOT.

Les observations présentées aux pages XXXVII-XLVII de l'Introduction à notre édition d'*Erec et Enide* s'appliquent à la copie de *Lancelot*, et nous n'y pouvons ajouter que quelques exemples précis tirés de celle-ci.

Écriture et présentation.

L'écriture de Guiot est très claire, au point que l'on peut y distinguer parfois nettement les *n* et les *u* ; le fin accent oblique dont Guiot surmonte la lettre *i* détache bien d'ordinaire celle-ci des jambages similaires voisins : *uiuanz* 11, *n'i met* 28, *reine* 72, etc. ; cet accent rend aussi plus sensible les diérèses nécessaires — *reine* = *reïne*, *oirent* = *oïrent* 80, et de même *oiz* = *oïz*, *i ot* 252 (et non *jot*) ; *i* adverbe peut en particulier être signalé de cette façon : *il i trueve* 380 ; dans d'autres cas il est distingué par l'emploi de *y* 6834.

La diérèse dans les groupes avec *e* peut être marquée par un petit trait oblique au-dessous de cet *e* : *ęu* 3707, 5986, 6025, *decęu* 5925, *tęu* 6269, *sęu* 576, 6299, *vęuę* 599, 6431, 6563, etc...

Le trait sous *e* sert exceptionnellement à détacher un article : *ię roi* 5036, ou une expression adverbiale : *orę a* 1563.

Dans quelques cas Guiot emploie un *e* intérieur pour prévenir le lecteur que deux voyelles contiguës qui suivent cet *e* doivent être prononcées en diérèse :

direiez 1922 = *dirïez* ; *fereiez* 1926 = *ferïez* ; *porreiez* 1927, *meteiez* 3077, *destorbeiez* 3861, *lesseiez* 3862, *boceiez* 6249, *forceier* 6250 peuvent de même être interprétés *porrïez*, *metïez*..., *bocïer*, etc... Il y a là comme une annonce de tréma.

Enfin la diérèse peut se trouver marquée par l'intercalation d'un *h* non étymologique : *ahé* 6814, *bahé* 6813, *veher* 2532, 5395, *vehera* 2861, *vehee* 4069, *guehaing* 3134 ; cf. aussi *ahatine* 5588.

Notons encore l'emploi de *y* dans des noms propres : *Yvains* 1866, *Yders* 5802, *Looys* 1866, *Lymoges* 5804, ou dans des mots rares : *lyon* 3126, 5795, *hyrauz* 5537, 5961.

Dans la copie de *Lancelot* comme dans celle d'*Erec*, Guiot utilise deux signes de ponctuation :

1° un signe analogue à un point d'exclamation après des interjections ou des interrogatifs de surprise : *ha !* 209,

2606, 2611, 2824, 2915, 3692, 4197, 4224, 4263, 4318, 4326, 5072, 5446, 6481, 6524, 6925 — hai ! 6214, 6468, — avoi ! 3947 — aie ! 1070 (2 fois) — moi ! 3945 — tu ! 2589 — non ! 2767.

2⁰ des points intérieurs séparant des éléments d'énumération ou détachant des enjambements ou des rejets. Nous les avons maintenus à la place qu'ils marquaient en leur substituant une ponctuation moderne (virgule, etc.), mais nous en avons donné la liste dans nos *Notes critiques*.

La copie de Guiot a été établie avec grand soin : les confusions de mots y sont très rares (entre *desire* et *desarme* 3097, *feste* et *presse* 3913, *once* et *ongle* 4641, *osent* et *oent* 4921, *a* et *ont* 6044) ; de même l'omission de monosyllabes qui fausse la mesure. Et cette copie a été revue avec assez de précision pour que les omissions ou les déplacements de vers aient été immédiatement rectifiés ; on verra ces repentirs dans nos *Notes Critiques*.

L'absence chez Guiot d'un passage étendu (118 vers remplaçant les v. 224-225) paraît dûe au fait que ce passage ne serait qu'une interpolation d'un ms. sans lien avec la copie de Guiot et présentant même des traits formels étrangers aux habitudes de Chrétien.

La copie de Guiot ne présente pour *Lancelot* que deux initiales ornées et dorées, un *P* sur 12 lignes au v. 1 et un *E* sur 6 lignes au v. 4397 ; leur ornementation, une dame assise, sans caractère défini, dans la première, des rinceaux pour la seconde, n'a pas, semble-t-il, d'intérêt particulier ; la seconde initiale se place utilement à un point important du récit, le rappel de Lancelot à l'espérance par la nouvelle que la reine n'est pas morte.

De plus le texte est divisé par une quarantaine de capitales montantes. Nous les voyons s'étendre sur 2, 3, et (pour les *L*) même sur 4 vers ; nous en avons marqué la place par des alinéas. Au v. 5359, nous avons aussi marqué un alinéa, bien qu'il n'y ait pas là de lettre montante dans le manuscrit de Guiot.

Graphie.

I. *Voyelles et diphtongues.*

A. *Voyelles orales :*

1. Affaiblissement de *a* en *e* : *menière* (*manière*) 3962, *lermes* (*larmes*) 3980.

2. Passage éventuel de *e* à *a* devant *n* ou *r* : *asanne* 2225, *espranent* 2559, *pranent* 2560, *parçoit* 2233.

3. Alternance de *e* ou *i* et de *ei, oi* : *proiere* 121, etc., *proiez* 124, etc., *chandoiles* 987, 1016, *noié* 3958, *dois* 985, 992 ; en particulier, emploi général de *oi* pour *e* dans les verbes, fut. 5 : *feroiz* 167, *avroiz* 648, 1179, *seroiz* 1037, 1251, *penseroiz* 1038, *porroiz* 1041, *istroiz* 2104, *verroiz* 496, *coucheroiz* 944, *herbergeroiz* 943.

4. Diphtongaison dialectale de *e* entravé : *tiex* 4864, *tropiax* 6978.

5. Alternance de *o* et *oi* devant palatale : *aproiche* 5305, *retoiche* 5306, mais *tochier* 3915, *aprochier* 3916.

6. *o = ue* : *chevol* 1479, *chevols* 1493, *chevox* 1486, 1499.

B. *Diphtongues :*

1. Alternance de *ai, ei, e* : *demainne* 4058, 4097, *taignent* 4093, *ramainnent* 4132 ; *feire* 5,120, *feisoient* 5959, *feite* 227, *fei* 343, *afeire* 241, *veir* 508, *pleira* 625, *meison* 185, *repeire* 973, *desreison* 186, *treire* 6,242, mais *avaigne* 344, *sovaigne* 343, *detaingne* : *revaigne* 5473-74 ; *vet* 1151, *meffet* 439, *tret* 1214, *plest* 1362, *rové* 6572.

2. Hésitation entre *ier* et *er* : *coler* 2739, *souler* 3104.

3. Alternance de *oi* et *ei* : *mervoil* 227, *consoil* 228, *mervoile* 381, *consoille* 382, *esvoille* 769, *voinne* 3064, 4309 ; mais *conseilliez* 2141, *leisir* 502, *dameisele* 431, etc., *corteisie* 585.

4. Alternance de *oe* et *ue* : *oevre* 21-22, *voel* 172, 501 ; de *oi* et *ue* : *suel* 139.

5. Emploi de *ui* pour *oi* : *duillant* 272, *anruïllees* 5118, *conuissance* 5207.

C. *Diphtongues suivies de l + consonne.*

e précédé ou non de *i* ou de *u* est représenté par *a* : *mialz* (*mielz*) 21, 94, 688, 800, 956, 1113, etc., *vialz* (*viels*) 1710, 2449. L'*u* précédent devient *i* : *vialt* (*vuelt*) 2, 120, 375, 377, 441, 957, 1242, 1275, 5357, *viax* 356 ; *ialz* (*ueils*) 955, 1077, 1182 : *aquialt* 378, *requialt* 4670 ; *dialt* (*duelt*) 958, 5358, *diax* (*duels*) 1801, 2642, 5356 ; *sialt* (*suelt*) 4118, 5395.

D. *Voyelles et diphtongues devant nasales.*

an est la notation la plus fréquente, mais non l'unique, pour *a* et *e* suivis de nasale : *antre* 35, 49, *vanz* 12, *vante* 13, *mandres* 1801, *san* 26, 1381, *vandroit* 4081. Mais *e* est souvent conservé à l'initiale devant *n* : *anprendrai* 3, mais *enprendre* 1276 ; *enbedeus* 2183, mais *anbedeus* 2685 ; *enuit* 500, *enor* 456, 1115, 1117, mais *anors* 3215, *annors* 2958.

2. *an* remplace *on* dans le prénom indéfini : 466, 539, 650, 1293, etc., *l'en* 653, etc. Les deux graphies alternent à l'intérieur du mot dans *volanté* 1340, *volenté* 1076, *volantiers* 1343, *volentiers* 1245 ; *dongier* 2074, 6142, *dangier* 3987, *chalonge* 1119. Alternance de *on* et *un* : *dun* 5387.

3. *Ain* remplace fréquemment *ein* : *tainte* 263, mais *ein* se retrouve dans *einçois* 629.

4. *Oin* remplace *ein* : *soing* (*sein*) 1468, mais *saing* 1499.

5. *Oen* et *uen* alternent dans *boen* 174, 1025, 1288, etc., *boene* 88, 323, 457, etc., *buen* 858, 1006, etc., *suen* 857, 1005, *suens* 4.

II. *Hiatus, élision, contraction, enclise.*

1. Assez fréquents hiatus de *-e*, dont il faut tenir compte pour la mesure du vers, notamment après *que* (plus d'une centaine), après *quanque* 1333, après *se* hypothétique 78, 386, 495, etc., après *je* 159, 164, 230, etc., après *ce* 10, 96, etc., après *ne* 57, 419, etc., après un verbe : *comande* 373.

2. A l'inverse, élisions diverses : la plus fréquente est celle de *i* dans *si* adverbe conjonctif devant un verbe : 553, 604, 665, 733, ou devant un adverbe : *s'an* 81, *s'i* 3761. On trouve élidé de même *se* hypothétique devant *an* 6195, 6332, devant *ele* 610, devant la préposition *a* 6221, 6301, 6302.

3. Des formes toniques de pronoms peuvent aussi être élidées ou contractées : *por qu'* (*por quoi*) 1396, 3751, *de qu'* (*de quoi*) 1882 ; enfin *i* de *li* est fréquemment élidé devant *an* : *l'an* (*li an*) 4143, etc.

4. *Si* adverbe conjonctif est souvent remplacé par *se* devant *li* 570, 1395, 5290 ; on trouve l'extension de cette forme devant d'autres pronoms personnels au cas régime : *se l'* 3508, *se s'i* 5133, *ses* (*si les*) 538, *sel* (*si le*) 570, 807, 6207.

5. L'enclise du pronom personnel *le, les* est fréquente : *jel* 706, 1113, 1412, *jes* 55, *nel* 708, 1007, 3271, *nes* 597, 2100.

III. *Consonnes.*

1. *l* intérieur devant consonne est souvent maintenu : *colchier* 493, mais *couchiee* 1039, *couchier* 1061 ; *dolce* 708, *genolz* 3116, *voldrai* 909, *escolt* 3995, mais *escoute* 4179 ; cependant *vost* 1007, *chevos* 1354, *fos* 2215, 6920, s. *Pos* 6590, *cos* 7028 ; *ll* peut alterner avec *rl* : *merlez* 3855.

2. Le son *j* peut être noté par *g* devant *e* ou *i* : *geu* 695, *ge* 742, 909, *gié* 1117, *g'* 1383, *geüné* 3524, mais *jurent* (de *gésir*) 550.

3. La finale de *donc* ou *dont* se présente ici, comme dans *Erec* et *Cligès*, sous des formes diverses : *don* 322, 489, 549, 576, 641, 778, 5334, *dons* (pour *donc*) 1325, 1792 ; *dom* par assimilation formelle avec *com* 369, 1928, 2092, 4523, 5872 ; *donc* 3802, 4281.

4. *m*, *n*, *r*, *s* sont souvent redoublés : *aimme* 3798, *painne* 23, 29, 961, *sainne* 938, *grevainne* 2143, *mainne* 420, 440, 962, 967, *fontainne* 1346, *voinne* 4309, *mennace* 3737, *certainnemant* 4044 ; *desirre* 3868, *desirranz* 4283 ; mais on trouve également des simplifications de consonnes intérieures : *asez* 253, 587 ; *ausi* 1121, *asaillent* 1173, *vavasors* 2116, *Acenssion* 30 ; *charrete* 477, 542, 627, etc.

5. *s* devant une consonne intérieure, *c*, *q*, *f*, *t* : *proesce* 585, 1728, 5308, *largesce* 586, *blesce* 959, *tristesce* 960, *dresce* 1156, *adresce* 1501, *estresce* 1502, *peresce* 3178, *leesce* 5307 ; *Jasque* 1476 ; *desfanse* 1517, *desfans* 1522, *desfandrai* 1709, etc. ; *toste* 1147.

6. *x* final alterne normalement avec *us*, *ls*, *s* : *Dex* 900, 939, 1097, etc., *Kex* 41, 43, 82, etc., (mais *Kes* 162, Ques 5269), *tex* 7, 252, 339, 1303, *tiex* 4864, (mais *tes* 5270), *cruex* 340, 4204, *mortex* 4214, *vix* 4318, *tropiax* 6978, *avrix* 7078, *ax* 197, 235, mais *aus* 38, 5312, et *as* 41.

7. *g* final joint à une nasale : *ving* 2137, *poing* 798, *loing* 839, 1511, *praing* 89, *tieng* 174, *desdaing* 478, 1106, *remaing* 1105, *saing* 1499, *soing* (= *sein*) 1468, *plaing* 1500, *maing* 1583, *besoing* 1833, 2798, *guehaing* 3134.

8. Incertitude des finales : *tanz* 2197.

Morphologie.

1. Forme nominale : vocatif sans *s* : *Lancelot* 3666, 3692.

2. Article : *lo* 843.

3. Adjectifs et pronoms : *prochienes* 5375, *loingtienes* 5376 ; *qui* = *que* 1697 ; *quele* 1117 ; *el* = *ele* 6396, 6410, 6431 ; *cel* = *cela* 234 ; *cel* = *cele* 1169.

4. Formes verbales : *desraist* subj. de *desresnier* 1586 ;
parfait 3 en *ié* : *nasquié* 1979 ; subj. pr. 5 : *façoiz* 6751 ;
liz : *esliz* 1867-68 ; *siudres* 1994, *siudrons* 1802, 1814 ; *siu-
dra* 1821 ; *silt* 5279 ; *doldroit* 620 ; *anterra* 4599.

5. Locution conjonctive : *por ce se* 6345.

Syntaxe.

1. Accord du participe : *mise* 5778.

2. *Et* au sens de « d'autre part », dans des indications de
caractère chronologique : 2364, 3456, 3457, 3551, 4029, 4040.

3. Noter la différence sémantique entre « le chevalier *de*
la charrete » (24, 867, 2789) qui exprime un caractère acci-
dentel, et l'emploi exceptionnel de « chevalier *a* la charrete »
(2716) qui doit exprimer la conséquence durable de ce trait
passager. On pourra comparer dans le français moderne :
« le voyageur *de* la plate-forme » et « l'homme *à* l'hispano ».

Versification.

Rimes identiques : *sont* 327-28 et 4959-60, *siet* 385-86
et *sist* 2997-98, *voldras* 393-94, *sai* 1375-76, *vos* 1513-14,
feire 2801-02, *vialt* 2863-64, *suens* 3175-76, *pleisir* 4465-66,
or an droit 6303-04, *trueve* 6395-96, *menee* 6437-38, *poinne*
6501-02, *prez* 6889-90.

Rime singulière : *vindrent : pristrent* 2439-40.

RÉFÉRENCES BIBLIOGRAPHIQUES

ADLER (Alfred), *A note on the composition of Chrétien's « Charrette »*, dans *Modern Language Review*, XLV (1950), p. 33-39.

BORODINE (Myrrha). Voir LOT-BORODINE (Myrrha).

BREUER (Hermann). Voir FOERSTER (Wendelin).

CROSS (T. P.) et W. A. NITZE, *Lancelot and Guenevere A study on the Origins of Courtly Love*, Chicago, 1930, in-8° ; ch. II.

FARAL (Edmond), *La légende arthurienne*, Paris, 1929, t. II (*Bibl. de l'École des Hautes Études, Sciences historiques et philologiques*, CCLVI).

FOERSTER (Wendelin), *Christian von Troyes, Sämtliche Werke*, t. IV, *Karrenritter und Wilhelmsleben*, Halle, 1899, in-8°.

— *Wörterbuch zu sämtlichen Werken*, unter mitarbeit von Hermann BREUER, Halle, 1914, in-8°.

FOULON (C.), *Les deux humiliations de Lancelot*, dans *Bulletin Bibliographique de la Société internationale arthurienne*, Paris, n° 8, 1957, p. 79-90.

FOURRIER (Anthime), *Encore la chronologie des œuvres de Chrétien de Troyes*, dans *Bulletin bibliographique de la société internationale arthurienne*, Paris, n° 2, 1950, p. 69-88.

— *Remarques sur la date du « Conte del Graal » de Chrétien de Troyes*, *Ibid.*, n° 7, 1955, p. 89-101.

FRAPPIER (Jean), *Chrétien de Troyes. L'homme et l'œuvre*, 1957, in-16º.

GSTEIGER (Manfred), *Die Landschaftsschilderungen in den Romanen Chrestiens de Troyes*, Berne, 1958, in-8º.

HOFER (Stefan), *Chretien de Troyes, Leben und Werke der altfranzösischen Epikers*, Graz-Köln, 1954, in-8º.

JONIN (P.), *Le vasselage de Lancelot dans le « Conte de la Charrette »*, dans *Moyen-Age*, LVIII (1952), p. 281-298.

KRAPPE (A. H.), Voir *Revue celtique*, t. XLVIII (1910), p. 121-122.

LOOMIS (Roger Sherman), *Arthurian Tradition of Chretien de Troyes*, Columbian University, 1949, in-8º, t. I, *Le chevalier de la Charrette*, p. 187-266.

LOT (Ferdinand), *Étude sur le Lancelot en prose*, Paris, 1918, gr. in-8º (*Bibl. de l'École des Hautes Études, Sciences historiques et philologiques*, t. CCXXVI).

— *Nouvelles études sur le cycle arthurien, I, Glastonbury et Avalon*, Seconde partie, la *Vita Gildae*, dans *Romania*, t. XXVIII, 1898, p. 564-573.

LOT-BORODINE (Myrrha), *La femme et l'amour au XIIe siècle d'après les romans de Chrétien de Troyes*, Paris, 1909, in-8º. — Voir aussi l'*Appendice V au Lancelot-Graal* de F. LOT.

LYONS (Faith), *« Entencion » in Chretien's Lancelot*, dans *Studies in Philology*, LI, 2 (1954), p. 424-430.

MARX (Jean), *La légende arthurienne et le Graal*, Paris, P.U.F., 1952, gr. in-8º (*Bibl. de l'École des Hautes Études, Sciences religieuses*, LXIV).

MICHA (Alexandre), *La tradition manuscrite des romans de Chrétien de Troyes*, Paris, 1939, in-8º (Thèse).

— *Sur les sources de la « Charrette »*, dans *Romania*, LXXI (1950), p. 345-358.

NITZE (W. A.), *« Sans et matiere »*, dans les œuvres de Chrétien de Troyes, dans *Romania*, XLIV (1915-17). — Voir CROSS (T. P.) et W. A. NITZE.

PARIS (Gaston), *Études sur les romans de la Table Ronde. Lancelot du Lac. I. Le Lanzelet d'Ulrich de Zatzikhoven,* dans *Romania,* X (1881), p. 465-496, et *Lancelot du Lac. II. Le conte de la Charrette, ib.,* XII (1883), p. 459-534.

ROBERTSON (W.), *Some medieval literary terminology with special reference to Chretien de Troyes,* dans *Studies in philology,* XLVIII (1951), p. 691-92.

ROQUES (Mario), Compte rendu de Myrrha LOT-BORODINE, *La femme et l'amour au XIIe siècle,* dans *Romania,* XXXIX (1910), p. 377-383.

— *Le manuscrit fr. 794 de la Bibliothèque Nationale et le scribe Guiot,* dans *Romania,* LXXIII (1952), p. 177-199.

— *Pour l'interprétation* du Chevalier de la Charrette *de Chrétien de Troyes,* dans *Cahiers de Civilisation médiévale de l'Université de Poitiers,* 2, 1957, p. 141-142.

SOUTHWARD (Elaine), *The Unity of Chretien's Lancelot,* dans *Mélanges... offerts à M. Roques,* t. II (Bade et Paris, 1953), p. 281-290.

STEPHENS (G. Arbour), Voir R. BOSSUAT, *Manuel bibliographique,* n° 1800.

STONE (Herbert K.), « *Le Karrenritter* » *de Foerster,* dans *Romania,* LXIII (1937), p. 398-401.

LE CHEVALIER
DE LA CHARRETE

Puis que ma dame de Chanpaigne [27 b]
   vialt que romans a feire anpraigne,
je l'anprendrai molt volentiers
come cil qui est suens antiers   4
de quan qu'il puet el monde feire
sanz rien de losange avant treire ;
mes tex s'an poïst antremetre
qui li volsist losenge metre,   8
si deïst, et jel tesmoignasse,
que ce est la dame qui passe
totes celes qui sont vivanz,
si con li funs passe les vanz   12
qui vante en mai ou en avril.
Par foi, je ne sui mie cil
qui vuelle losangier sa dame ;
dirai je : « Tant com une jame   16
vaut de pailes et de sardines,
vaut la contesse de reïnes ?
Naie voir ; je n'en dirai rien,
s'est il voirs maleoit gré mien » ;   20
Mes tant dirai ge que mialz oevre
ses comandemanz an ceste oevre
que sans ne painne que g'i mete.
Del CHEVALIER DE LA CHARRETE   24

comance Crestïens son livre ;
matiere et san li done et livre
la contesse, et il s'antremet
de panser, que gueres n'i met   28
fors sa painne et s'antancïon.

Et dit qu'a une Acenssïon
li rois Artus cort tenue ot,
riche et bele tant con lui plot,   32
si riche com a roi estut.
Aprés mangier ne se remut
li rois d'antre ses conpaignons ;
molt ot an la sale barons,   36
et si fu la reïne ansanble ;
si ot avoec aus, ce me sanble,
mainte bele dame cortoise,
bien parlant an lengue françoise ;   40
et Kex qui ot servi as tables   [27 c]
manjoit avoec les conestables.
La ou Kex seoit au mangier,
a tant ez vos un chevalier   44
qui vint a cort molt acesmez,
de totes ses armes armez.
Li chevaliers a tel conroi
s'an vint jusque devant le roi   48
la ou antre ses barons sist,
nel salua pas, einz li dist :
« Rois Artus, j'ai en ma prison,
de ta terre et de ta meison,   52
chevaliers, dames et puceles ;
mes ne t'an di pas les noveles
por ce que jes te vuelle randre ;
ençois te voel dire et aprandre   56

que tu n'as force ne avoir
par quoi tu les puisses avoir ;
et saches bien qu'ainsi morras
que ja aidier ne lor porras. »   60
Li rois respont qu'il li estuet
sofrir, s'amander ne le puet,
mes molt l'an poise duremant.
Lors fet li chevaliers sanblant   64
qu'aler s'an voelle ; si s'an torne :
devant le roi plus ne sejorne,
et vient jusqu'a l'uis de la sale ;
mes les degrez mie n'avale,   68
einçois s'areste, et dit des la :
« Rois, s'a ta cort chevalier a
nes un an cui tu te fïasses
que la reïne li osasses   72
baillier por mener an ce bois
aprés moi, la ou ge m'an vois,
par un covant l'i atandrai
que les prisons toz te randrai   76
qui sont an prison an ma terre,
se il la puet vers moi conquerre
et tant face qu'il l'an ramaint. »
Ce oïrent el palés maint,   80
s'an fu la corz tote estormie.
La novele en a Kex oïe
qui avoec les sergenz manjoit ;
le mangier leit, si vient tot droit   84
au roi, si li comance a dire,   [27 a]
tot autresi come par ire :
« Rois, servi t'ai molt boenemant
par boene foi et lëaumant ;   88
or praing congié, si m'an irai

que ja mes ne te servirai ;
je n'ai volenté ne talant
de toi servir d'ore an avant. »   92
Au roi poise de ce qu'il ot,
mes, quant respondre mialz li pot,
si li a dit eneslepas :
« Est ce a certes ou a gas ? »   96
Et Kex respont : « Biax sire rois,
je n'ai or mestier de gabois,
einz praing congié trestot a certes ;
je ne vos quier autres dessertes   100
n'autre loier de mon servise ;
ensi m'est or volantez prise
que je m'an aille sanz respit.
— Est ce par ire, ou par despit,   104
fet li rois, qu'aler an volez ?
Seneschax, si con vos solez,
soiez a cort, et sachiez bien
que je n'ai en cest monde rien   108
que je, por vostre demorance,
ne vos doigne sanz porloignance. »
— Sire, fet il, ce n'a mestier :
ne prandroie pas un setier,   112
chascun jor, d'or fin esmeré. »
Ez vos le roi molt desperé ;
si est a la reïne alez :
« Dame, fet il, vos ne savez   116
del seneschal que il me quiert ?
Congié demande et dit qu'il n'iert
a ma cort plus, ne sai por coi.
Ce qu'il ne vialt feire por moi   120
fera tost por vostre proiere ;
alez a lui, ma dame chiere,

quant por moi remenoir ne daigne,
proiez li que por vos remaigne   124
et einz l'an cheez vos as piez,
que ja mes ne seroie liez
se sa conpaignie perdoie. »
Li rois la reïne i anvoie   128
au seneschal, et ele i va ;   [27 *b*]
avoec les autres le trova,
et quant ele vint devant lui,
si li dit : « Kex, a grant enui   132
me vient, ce sachiez a estros,
ce qu'ai oï dire de vos.
L'an m'a conté, ce poise moi,
que partir vos volez del roi ;   136
don vos vient, et de quel corage ?
Ne vos an tieng or mie a sage,
ne por cortois, si con ge suel ;
del remenoir proier vos vuel :   140
Kex, remenez, je vos an pri.
— Dame, fet il, vostre merci ;
mes je ne remanroie mie. »
Et la reïne ancor l'an prie   144
et tuit li chevalier a masse,
et Kex li dit qu'ele se lasse
de chose qui rien ne li valt ;
et la reïne de si haut   148
com ele estoit, as piez li chiet.
Kex li prie qu'ele se liet ;
mes ele dit que nel fera :
ja mes ne s'an relevera   152
tant qu'il otroit sa volenté.
Lors li a Kex acreanté
qu'il remandra, mes que li rois

otroit ce qu'il voldra einçois,   156
et ele meïsmes l'otroit.
« Kex, fet ele, que que ce soit
et ge et il l'otroierons ;
or an venez, si li dirons   160
que vos estes einsi remés. »
Avoec la reïne an va Kes ;
si sont devant le roi venu :
« Sire, je ai Keu retenu,   164
fet la reïne, a grant travail ;
mes par un covant le vos bail
que vos feroiz ce qu'il dira. »
Li rois de joie an sopira   168
et dit que son comandemant
fera, que que il li demant.
« Sire, fet il, ce sachiez dons
que je voel, et quex est li dons   172
don vos m'avez asseüré ;   [27 c]
molt m'an tieng a boen eüré
quant je l'avrai, vostre merci :
la reïne que je voi ci   176
m'avez otroiee a baillier ;
s'irons aprés le chevalier
qui nos atant an la forest. »
Au roi poise, et si l'an revest,   180
car einz de rien ne se desdist,
mes iriez et dolanz le fist,
si que bien parut a son volt ;
la reïne an repesa molt   184
et tuit dïent par la meison
qu'orguel, outrage et desreison
avoit Kex demandee et quise.
Et li rois a par la main prise   188

la reïne, et si li a dit :
« Dame, fet il, sanz contredit
estuet qu'avoec Keu en ailliez. »
Et cil dit : « Or la me bailliez,   192
et si n'an dotez ja de rien,
car je la ramanrai molt bien
tote heitiee et tote sainne. »
Li rois li baille et cil l'an mainne.   196
Aprés ax deus s'an issent tuit ;
n'i a un seul cui molt n'ennuit.
Et sachiez que li seneschax
fu toz armez, et ses chevax   200
fu an mi la cort amenez ;
uns palefroiz estoit delez,
tex com a reïne covient.
La reïne au palefroi vient,   204
qui n'estoit braidis ne tiranz ;
mate et dolante et sospiranz,
monte la reïne, et si dist
an bas, por ce qu'an ne l'oïst ;   208
« Ha ! rois, se vos ce seüssiez
ja, ce croi, ne l'otroiesiez,
que Kex me menast un seul pas. »
Molt le cuida avoir dit bas,   212
mes li cuens Guinables l'oï
qui au monter fu pres de li.
Au departir si grant duel firent
tuit cil et celes qui l'oïrent,   216
con s'ele geüst morte an biere.   [28 a]
Ne cuident qu'el reveigne arriere
ja mes an tretost son aage.
Li seneschax, par son outrage,   220
l'an mainne la ou cil l'atant ;

mes a nelui n'an pesa tant
que del sivre s'antremeïst,
tant que mes sire Gauvains dist   224
au roi son oncle, en audïence :
« Sire, fet il, molt grant anfance
avez feite, et molt m'an mervoil ;
mes, se vos creez mon consoil,   228
tant com il sont ancor si pres
je et vos irïens aprés
et cil qui i voldront venir.
Je ne m'an porroie tenir   232
qu'aprés n'alasse isnelemant :
cel ne seroit pas avenant
que nos aprés ax n'alessiens,
au moins tant que nos seüssiens   236
que la reïne devandra
et comant Kex s'an contandra.
— Alons i, biax niés, fet li rois.
Molt avez or dit que cortois,   240
et des qu'anpris avez l'afeire,
comandez les chevax fors treire
et metre frains et anseler,
qu'il n'i ait mes que del monter. »   244
Ja sont li cheval amené
apareillié et anselé ;
li rois monte toz primerains,
puis monta mes sire Gauvains   248
et tuit li autre qui ainz ainz ;
chascuns an volt estre conpainz,
si va chascuns si con lui plot ;
armé furent, de tex i ot,   252
s'an i ot sanz armes asez.
Mes sire Gauvains fu armez,

et si fist a deus escuiers
mener an destre deus destriers.   256
Et einsi com il aprochoient
vers la forest, issir an voient
le cheval Kex, sel reconurent,
et virent que les regnes furent   260
del frain ronpues anbedeus.   [28 b]
Li chevax venoit trestoz seus,
s'ot de sanc tainte l'estriviere,
et de la sele fu derriere   264
li arçonz frez et peçoiez.
N'i a nul qui n'an soit iriez,
et li uns l'autre an cingne et bote.
Bien loing devant tote la rote   268
mes sire Gauvains chevalchoit;
ne tarda gaires quant il voit
venir un chevalier le pas
sor un cheval duillant et las   272
apantoisant et tressüé.
Li chevaliers a salüé
mon seignor Gauvain primerains,
et puis lui mes sire Gauvains.   276
Et li chevaliers s'arestut
qui mon seignor Gauvain conut,
si dist : « Sire, doṇ ne veez
con mes chevax est tressüez   280
et tex qu'il n'a mes nul mestier ?
Et je cuit que cist dui destrier
sont vostre ; or si vos prieroie,
par covant que je vos randroie   284
le servise et le guerredon,
que vos, ou a prest ou a don,
le quel que soit, me baillessiez. »

Et cil li dit : « Or choisissiez   288
des deus le quel que il vos plest. »
Mes cil, cui granz besoigne en est,
n'ala pas querant le meillor,
ne le plus bel, ne le graignor,   292
einz monta tantost sor celui
que il trova plus pres de lui,
si l'a maintenant eslessié ;
et cil chiet morz qu'il a lessié,   296
car molt l'avoit le jor pené
et traveillié et sormené.
Li chevaliers sanz nul arest
s'an vet armez par la forest,   300
et mes sire Gauvains aprés
lo siut et chace com angrés,
tant qu'il ot un tertre avalé.
Et quant il ot grant piece àlé,   304
si retrova mort le destrier   [28 c]
qu'il ot doné au chevalier,
et vit molt grant defoleïz
de chevax, et grant froisseïz   308
d'escuz et de lances an tor :
bien resanbla que grant estor
de plusors chevaliers i ot ;
se li pesa molt et desplot   312
ce que il n'i avoit esté.
N'i a pas granmant aresté,
einz passe outre grant aleüre,
tant qu'il revit par avanture   316
le chevalier tot seul a pié,
tot armé, le hiaume lacié,
l'escu au col, l'espee ceinte,
si ot une charrete atainte.   320

De ce servoit charrete lores
don li pilori servent ores,
et en chascune boene vile,
ou or en a plus de trois mile,   324
n'en avoit a cel tans que une,
et cele estoit a ces comune,
ausi con li pilori sont,
a ces qui murtre et larron sont,   328
et a ces qui sont chanp cheü,
et as larrons qui ont eü
autrui avoir par larrecin
ou tolu par force an chemin :   332
qui a forfet estoit repris
s'estoit sor la charrete mis
et menez par totes les rues ;
s'avoit totes enors perdues,   336
ne puis n'estoit a cort oïz,
ne enorez ne conjoïz.
Por ce qu'a cel tens furent tex
les charretes, et si cruex,   340
fu premiers dit : « Quant tu verras
charrete et tu l'ancontreras,
fei croiz sor toi, et te sovaigne
de Deu, que max ne t'an avaigne. »   344
Li chevaliers a pié, sanz lance,
aprés la charrete s'avance
et voit un nain sor les limons,
qui tenoit come charretons   348
une longue verge an sa main.   [28 *a*]
Et li chevaliers dit au nain :
« Nains, fet il, por Deu, car me di
se tu as veü par ici   352
passer ma dame la reïne. »

Li nains cuiverz de pute orine
ne l'en vost noveles conter,
einz li dist : « Se tu vïax monter   356
sor la charrete que je main,
savoir porras jusqu'a demain
que la reïne est devenue. »
Tantost a sa voie tenue   360
li chevaliers que il n'i monte ;
mar le fist et mar en ot honte
que maintenant sus ne sailli,
qu'il s'an tendra por mal bailli ;   364
mes Reisons, qui d'Amors se part,
li dit que del monter se gart,
si le chastie et si l'anseigne
que rien ne face ne anpreigne   368
dom il ait honte ne reproche.
N'est pas el cuer, mes an la boche,
Reisons qui ce dire li ose ;
mes Amors est el cuer anclose   372
qui li comande et semont
que tost an la charrete mont.
Amors le vialt et il i saut,
que de la honte ne li chaut   376
puis qu'Amors le comande et vialt.
Et mes sire Gauvains s'aquialt
aprés la charrete poignant,
et quant il i trueve seant   380
le chevalier, si s'an mervoille,
puis li dit : « Nains, car me consoille
de la reïne, se tu sez. »
Li nains dit : « Se tu tant te hez   384
con cist chevaliers qui ci siet,
monte av. ec lui, se il te siet

et je te manrai avoec li. »
Quant mes sire Gauvains l'oï,   388
si le tint a molt grant folie
et dit qu'il n'i montera mie,
car trop vilain change feroit
se charrete a cheval chanjoit.   [28 b]
« Mes va quel part que tu voldras
et g'irai la ou tu voldras. »
    A tant a la voie se metent :
cil chevalche, cil dui charretent,   396
et ansanble une voie tindrent.
De bas vespre a un chastel vindrent,
et ce sachiez que li chastiax
estoit molt riches et molt biax.   400
Tuit trois antrent par une porte.
Del chevalier, que cil aporte
sor la charrete, se mervoillent
les genz, mes mie nel consoillent,   404
einz le huient petit et grant,
et li veillart et li anfant,
par mi les rues a grant hui ;
s'ot molt li chevaliers de lui   408
vilenies et despit dire.
Tuit demandent : « A quel martire
sera cist chevaliers randuz ?
Iert il escorchiez, ou panduz,   412
noiez, ou ars an feu d'espines ?
Di, nains, di, tu qui le traïnes,
a quel forfet fu il trovez ?
Est il de larrecin provez ?   416
Est il murtriers, ou chanp cheüz ? »
Et li nains s'est adés teüz,
qu'il ne respont ne un ne el.

Le chevalier mainne a l'ostel,   420
et Gauvains siut adés le nain
vers une tor qui ert a plain,
qui delez la vile seoit.
D'autre part praerie avoit,   424
et d'autre part estoit assise
la torz, sor une roche bise,
haute et tranchiee contre val.
Aprés la charrete, a cheval,   428
entre Gauvains dedanz la tor.
An la sale ont de bel ator
une dameisele ancontree,
n'avoit si bele an la contree,   432
et voient venir deus puceles
avoecques li, gentes et beles.
Tot maintenant que eles virent
mon seignor Gauvain, si li firent   [28 c]
grant joie, et si le salüerent,
et del chevalier demanderent :
« Nains, qu'a cist chevaliers meffet
que tu mainnes come contret ? »   440
Cil ne lor an vialt reison rendre ;
einz fet le chevalier descendre
de la charrete, si s'an va ;
ne sorent ou il s'an ala.   444
Et mes sire Gauvains descent ;
a tant vienent vaslet avant
qui anbedeus les desarmerent.
Deus mantiax veirs, qu'il afublerent,   448
fist la dameisele aporter.
Quant il fu ore de soper,
li mangiers fu bien atornez.
La dameisele sist delez   452

mon seignor Gauvain au mangier.
Por neant volsissent changier
lor ostel, por querre meillor,
car molt lor i fist grant enor   456
et conpeignie boene et bele,
tote la nuit, la dameisele.
   Qant il orent assez mangié
dui lit furent apareillié   460
en une sale haut et lonc ;
et s'en ot un autre selonc,
plus bel des autres et plus riche ;
car, si con li contes afiche,   464
il i avoit tot le delit
qu'an seüst deviser an lit.
Quant del couchier fu tans et leus,
la dameisele prist andeus   468
ses ostes qu'ele ot ostelez ;
deus liz molt biax et lons et lez
lor mostre et dit : « A oés voz cors
sont fet cil dui lit ça defors ;   472
mes an cest li qui est deça
ne gist qui desservi ne l'a :
ne fu pas fez cist a voz cors. »
Li chevaliers li respont lors,   476
cil qui sor la charrete vint,
qu'a desdaing et a despit tint
la deffanse a la dameisele.
« Dites moi, fet il, la querele   [29 a]
por coi cist liz est an deffanse. »
Cele respondi, pas ne panse,
qui en ere apansee bien :
« A vos, fet ele, ne taint rien   484
del demander ne de l'anquerre.

Honiz est chevaliers an terre
puis qu'il a esté an charrete ;
si n'est pas droiz qu'il s'antremete 488
de ce don vos m'avez requise,
entesmes ce que il i gise :
qu'il le porroit tost conparer.
Ne ge ne l'ai pas fet parer 492
si richemant por vos colchier.
Vos le conparrïez molt chier
se il vos venoit nes an pans.
— Ce verroiz vos, fet il, par tans. 496
— Jel verrai ? — Voire. — Or i parra.
— Je ne sai qui le conparra,
fet li chevaliers, par mon chief,
cui qu'il enuit ne cui soit grief. 500
An cestui lit voel ge jesir
et reposer tot a leisir. »
    Maintenant qu'il fu deschauciez
el lit, qui fu lons et hauciez 504
plus des autres deus demie aune,
se couche sor un samit jaune,
un covertor d'or estelé.
N'estoit mie de veir pelé 508
la forreüre, ainz ert de sables ;
bien fust a oés un roi metables
li covertors qu'il ot sor lui ;
li liz ne fu mie de glui, 512
ne de paille, ne de viez nates.
A mie nuit, de vers les lates
vint une lance come foudre,
le fer desoz, et cuida coudre 516
le chevalier par mi les flans
au covertor et as dras blans

et au lit, la ou il gisoit.
En la lance un pannon avoit   520
qui estoit toz de feu espris ;
el covertor est li feus pris
et es dras et el lit a masse.
Et li fers de la lance passe   [29 b]
au chevalier lez le costé
si qu'il li a del cuir osté
un po, mes n'est mie bleciez.
Et li chevaliers s'est dreciez,   528
s'estaint le feu et prant la lance,
en mi la sale la balance,
ne por ce son lit ne guerpi,
einz se recoucha et dormi   532
tot autresi seüremant
com il ot fet premieremant.

    L'andemain par matin, au jor,
la dameisele de la tor   536
lor ot fet messe apareillier,
ses fist lever et esveillier.
Quant an lor ot messe chantee,
as fenestres devers la pree   540
s'an vint li chevaliers pansis,
cil qui sor la charrete ot sis,
et esgardoit a val les prez.
A l'autre fenestre delez   544
estoit la pucele venue,
si l'i ot a consoil tenue
mes sire Gauvains an requoi
une piece, ne sai de quoi ;   548
ne sai don les paroles furent ;
mes tant sor la fenestre jurent
qu'a val les prez, lez la riviere.

an virent porter une biere ;   552
s'avoit dedanz un chevalier,
et delez ot duel grant et fier
que trois dameiseles feisoient.
Aprés la biere venir voient   556
une rote, et devant venoit
uns granz chevaliers qui menoit
une bele dame a senestre.
Li chevaliers de la fenestre.   560
conut que c'estoit la reïne ;
de l'esgarder onques ne fine,
molt antentis, et molt li plot,
au plus longuemant que il pot.   564
Et quant il ne la pot veoir,
si se vost jus lessier cheoir
et trebuchier a val son cors ;
et ja estoit demis defors   [29 c]
quant mes sire Gauvains le vit ;
sel trait arrieres, se li dit :
« Merci, sire, soiez an pes,
por Deu nel vos pansez ja mes   572
que vos faciez tel desverie ;
a grant tort haez vostre vie.
— Mes a droit, fet la dameisele ;
don n'iert seüe la novele   576
par tot de la maleürté
qu'il a en la charrete esté ?
Bien doit voloir qu'il fust ocis,
que mialz valdroit il morz que vis :   580
sa vie est desormés honteuse
et despite et maleüreuse. »
A tant lor armes demanderent
li chevalier, et si s'armerent,   584

et lors corteisie et proesce
fist la dameisele et largesce,
que, quant ele ot asez gabé
le chevalier et ranponé,   588
si li dona cheval et lance
par amor, et par acordance.
Li chevalier congié ont pris
come cortois et bien apris   592
a la dameisele, et si l'ont
salüee, puis si s'an vont
si con la route aler an virent ;
mes si fors del chastel issirent   596
c'onques nus nes i aparla.
Isnelemant s'an vont par la
ou la reïne orent veüe.
N'ont pas la rote aconseüe,   600
qu'il s'an aloient eslessié.
Des prez antrent an un plessié
et truevent un chemin ferré ;
s'ont tant par la forest erré   604
qu'il pot estre prime de jor,
et lors ont en un quarrefor
une dameisele trovee,
si l'ont anbedui salüee ;   608
et chascuns li requiert et prie,
s'ele le set, qu'ele lor die
ou la reïne an est menee.
Cele respont come senee   [29 a]
et dit : « Bien vos savroie metre,
tant me porrïez vos prometre,
el droit chemin et an la voie,
et la terre vos nomeroie   616
et le chevalier qui l'en mainne ;

mes molt i covendroit grant painne,
qui an la terre antrer voldroit !
einz qu'il i fust molt se doldroit. »   620
Et mes sire Gauvains li dist ;
« Dameisele, se Dex m'aïst,
je vos an promet a devise
que je mete an vostre servise,   624
quant vos pleira, tot mon pooir,
mes que vos m'an dites le voir. »
Et cil qui fu sor la charrete
ne dit pas que il l'an promete   628
tot son pooir, einçois afiche,
come cil cui Amors fet riche
et puissant, et hardi par tot,
que, sanz arest et sanz redot,   632
quan qu'ele voldra li promet
et toz an son voloir se met.
« Donc le vos dirai ge », fet ele.
Lors lor conte la dameisele :   636
« Par foi, seignor, Meleaganz,
uns chevaliers molt forz et granz,
filz le roi de Gorre, l'a prise,
et si l'a el rëaume mise   640
don nus estranges ne retorne,
mes par force el païs sejorne
an servitune et an essil. »
Et lors li redemande cil :   644
« Dameisele, ou est cele terre ?
Ou porrons nos la voie querre ? »
Cele respont : « Bien le savroiz
mes, ce sachiez, molt i avroiz   648
anconbriers et felons trespas,
que de legier n'i antre an pas,

se par le congié le roi non :
li rois Bademaguz a non.   652
Si puet l'en antrer totevoies
par deus molt perilleuses voies
et par deus molt felons passages.   [29 *b*]
Li uns a non : LI PONZ EVAGES,   656
por ce que soz eve est li ponz
et s'a des le pont jusqu'au fonz
autant desoz come desus,
ne de ça moins, ne de la plus,   660
einz est li ponz tot droit en mi ;
et si n'a que pié et demi
de lé et autretant d'espés.
Bien fet a refuser cist mes,   664
et s'est ce li moins perilleus ;
mes il a assez antre deus
avantures don je me tes.
Li autre ponz est plus malvés   668
et est plus perilleus assez
qu'ainz par home ne fu passez,
qu'il est com espee tranchanz ;
et por ce trestotes les genz   672
l'apelent : LE PONT DE L'ESPEE.
La verité vos ai contee
de tant con dire vos an puis. »
Et cil li redemande puis :   676
« Dameisele, se vos daigniez,
ces deus voies nos anseigniez. »
Et la dameisele respont :
« Vez ci la droite voie au Pont   680
de soz Eve, et cele de la
droit au Pont de l'Espee an va. »
Et lors a dit li chevaliers,

cil qui ot esté charretiers :   684
« Sire, je vos part sanz rancune :
prenez de ces deus voies l'une,
et l'autre quite me clamez ;
prenez celi que mialz amez.   688
— Par foi, fet mes sire Gauvains,
molt est perilleus et grevains
li uns et li autres passages ;
del prandre ne puis estre sages,   692
je ne sai preu le quel je praigne ;
mes n'est pas droiz qu'an moi remaingne
quant parti m'an avez le geu :
au Pont desoz Eve me veu.   696
— Donc est il droiz que je m'an voise
au Pont de l'Espee, sanz noise,
fet l'autres, et je m'i otroi. »   [29 c]
A tant se departent tuit troi,   700
s'a li uns l'autre comandé
molt deboneiremant a Dé.
Et, quant ele aler les an voit,
si dit : « Chascuns de vos me doit   704
un guerredon a mon gré randre,
quele ore que jel voldrai prandre ;
gardez, ne l'obliez vos mie. »
— Nel ferons nos, voir, dolce amie »,   708
font li chevalier anbedui.
A tant s'an va chascuns par lui ;
et cil de la charrete panse
con cil qui force ne deffanse   712
n'a vers Amors qui le justise ;
et ses pansers est de tel guise
que lui meïsmes en oblie,
ne set s'il est, ou s'il n'est mie,   716

ne ne li manbre de son non,
ne set s'il est armez ou non,
ne set ou va, ne set don vient ;
de rien nule ne li sovient   720
fors d'une seule, et por celi
a mis les autres en obli ;
a cele seule panse tant
qu'il n'ot, ne voit, ne rien n'antant.   724
Et ses chevax molt tost l'en porte,
que ne vet mie voie torte,
mes la meillor et la plus droite ;
et tant par aventure esploite   728
qu'an une lande l'a porté.
An cele lande avoit un gué
et d'autre part armez estoit
uns chevaliers qui le gardoit ;   732
s'ert une dameisele o soi
venue sor un palefroi.
Ja estoit prés de none basse,
n'ancor ne se remuet ne lasse   736
li chevaliers de son panser.
Li chevax voit et bel et cler
le gué, qui molt grant soif avoit ;
vers l'eve cort quant il la voit.   740
Et cil qui fu de l'autre part
s'escrie : « Chevaliers, ge gart
le gué, si le vos contredi. »   [30 a]
Cil ne l'antant ne ne l'oï,   744
car ses pansers ne li leissa,
et totes voies s'esleissa
li chevax vers l'eve molt tost.
Cil li escrie que il l'ost :   748
« Lai le gué, si feras que sages,

que la n'est mie li passages ».
Et jure le cuer de son vantre
qu'il le ferra, se il i antre.   752
Cil panse tant qu'il ne l'ot pas,
et li chevax eneslepas
saut en l'eve et del chanp se soivre,
par grant talant comance a boivre.   756
Et cil dit qu'il le conparra,
ja li escuz ne l'an garra,
ne li haubers qu'il a el dos.
Lors met le cheval es galos,   760
et des galoz el cors l'anbat
et fiert celui si qu'il l'abat
en mi le gué tot estandu,
que il li avoit deffandu ;   764
si li cheï tot a un vol
la lance et li escuz del col.
Quant cil sant l'eve, si tressaut ;
toz estormiz an estant saut,   768
ausi come cil qui s'esvoille,
s'ot, et si voit, et se mervoille
qui puet estre qui l'a feru.
Lors a le chevalier veü ;   772
si li cria : « Vasax, por coi
m'avez feru, dites le moi,
quant devant moi ne vos savoie,
ne rien mesfet ne vos avoie ?   776
— Par foi, si avïez, fet cil ;
don ne m'eüstes vos molt vil,
quant je le gué vos contredis
trois foiees, et si vos dis   780
au plus haut que je poi crier ?
Bien vos oïstes desfïer

au moins, fet cil, deus foiz ou trois,
et si antrastes sor mon pois,   784
et bien dis que je vos ferroie
tantost qu'an l'eve vos verroie. »
Li chevaliers respont adonques :   [30 b]
« Dahez ait qui vos oï onques,   788
ne vit onques mes, que je soie !
Bien puet estre, mes je pansoie,
que le gué me contredeïstes ;
bien sachiez que mar me feristes,   792
se ge au frain une des mains
vos pooie tenir au mains. »
Et cil respont : « Qu'an avandroit ?
Tenir me porras or androit   796
au frain, se tu m'i oses prandre.
je ne pris pas plain poing de cendre
ta menace ne ton orguel. »
Et cil respont : « Je mialz ne vuel :   800
que qu'il an deüst avenir,
je t'i voldroie ja tenir. »
Lors vient li chevaliers avant
en mi le gué, et cil le prant   804
par la resne a la main senestre,
et par la cuisse a la main destre ;
sel sache et tire et si l'estraint
si durement que cil se plaint,   808
qu'il li sanble que tote fors
li traie la cuisse del cors ;
se li prie que il le lest
et dist : « Chevaliers, se toi plest   812
a moi conbatre par igal,
pran ton escu et ton cheval
et ta lance, si joste a moi. »

Cil respont : « Non ferai, par foi,   816
que je cuit que tu t'an fuiroies
tantost qu'eschapez me seroies. »
Quant cil l'oï, s'en ot grant honte ;
si li ra dit : « Chevaliers, monte   820
sor ton cheval seüremant,
et je te creant lëaumant
que je ne ganchisse ne fuie.
Honte m'as dite, si m'enuie. »   824
Et cil li respont autre foiz :
« Einz m'an iert plevie la foiz :
se vuel que tu le me plevisses,
que tu ne fuies ne ganchisses,   828
et que tu ne me tocheras
ne vers moi ne t'aprocheras
tant que tu me verras monté ;   [30 c]
si t'avrai fet molt grant bonté,   832
quant je te tieng, se ge te les. »
Cil li plevist, qu'il n'an puet mes ;
et quant il en ot la fïance,
si prant son escu et sa lance   836
qui par le gué flotant aloient
et totes voies s'avaloient,
s'estoient ja molt loing a val ;
puis revet prendre son cheval.   840
Quant il l'ot pris et montez fu,
par les enarmes prant l'escu
et met la lance sor lo fautre,
puis point li uns ancontre l'autre   844
tant con cheval lor poeent randre.
Et cil qui le gué dut deffandre
l'autre premieremant requiert
et si tres duremant le fiert   848

que sa lance a estros peçoie.
Et cil fiert lui si qu'il l'envoie
el gué tot plat dessor le flot,
si que l'eve sor lui reclot.   852
Puis se trest arriers et descent,
car il an cuidoit bien tex cent
devant lui mener et chacier.
Del fuerre treit le brant d'acier   856
et cil saut sus, si treit le suen
qu'il avoit flanbeant et buen ;
si s'antre vienent cors a cors ;
les escuz ou reluist li ors   860
traient avant, et si s'an cuevrent ;
les espees bien i aoevrent,
qu'eles ne finent ne reposent ;
molt granz cos antredoner s'osent   864
tant que la bataille a ce monte
qu'an son cuer en a molt grant honte
li chevaliers de la charrete,
et dit que mal randra la dete   868
de la voie qu'il a enprise,
quant il si longue piece a mise
a conquerre un seul chevalier.
S'il en trovast en un val hier   872
tex sen, ne croit il pas, ne panse
qu'il eüssent vers lui desfanse,
s'an est molt dolanz et iriez   [30 a]
quant il est ja si anpiriez   876
qu'il pert ses cos et le jor gaste ;
lors li cort sore et si le haste
tant que cil li ganchist et fuit ;
le gué, mes que bien li enuit,   880
et le passage li otroie.

Et cil le chace tote voie
tant que il chiet a paumetons ;
lors li vient sus li charretons,   884
si jure quan qu'il puet veoir
que mar le fist el gué cheoir
et son panser mar li toli.
La dameisele que o li   888
li chevaliers amenee ot
les menaces antant et ot ;
s'a grant peor et se li prie
que por li leist qu'il ne l'ocie ;   892
et il dit que si fera voir,
ne puet por li merci avoir
que trop li a grant honte feite.
I ors li vient sus, l'espee treite ;   896
et cil dit, qui fu esmaiez :
« Por Deu et por moi l'en aiez
la merci que je vos demant. »
Et cil respont : « Se Dex m'amant,   900
onques nus tant ne me mesfist
se por Deu merci me requist,
que por Deu, si com il est droiz,
merci n'an eüsse une foiz.   904
Et ausi avrai ge de toi,
car refuser ne la te doi
des que demandee la m'as ;
mes ençois me fïanceras   908
a tenir, la ou ge voldrai,
prison quant je t'an semondrai. »
Cil li plevi, cui molt est grief.
La dameisele derechief   912
dit : « Chevaliers, par ta franchise,
des que il t'a merci requise

et tu otroiee li as,
se onques prison deslïas, 916
deslie moi cestui prison ;
claimme moi quite sa prison
par covant que quant leus sera [30 *b*]
tel guerredon con toi pleira 920
t'an randrai selonc ma puissance. »
Et lors i ot cil conuissance
par la parole qu'ele ot dite ;
si li rant le prison tot quite. 924
Et cele en a honte et angoisse
qu'ele cuida qu'il la conoisse ;
car ele ne le volsist pas.
Et cil s'an part eneslepas ; 928
et cil et cele le comandent
a Deu et congié li demandent.
Il lor done, puis si s'an va
tant que de bas vespre trova 932
une dameisele venant,
molt tres bele et molt avenant,
bien acesmee et bien vestue.
La dameisele le salue 936
come sage et bien afeitiee,
et cil respont : « Sainne et heitiee,
dameisele, vos face Dex. »
Puis li dit : « Sire, mes ostex 940
vos est ci prés apareilliez
se del prandre estes conseilliez ;
mes par itel herbergeroiz
que avoec moi vos coucheroiz, 944
einsi le vos ofre et presant. »
Plusor sont qui de ce presant
li randissent .v. .c. merciz,

et il an fu trestoz nerciz,   948
et li a respondu tot el :
« Dameisele, de vostre ostel,
vos merci ge, si l'ai molt chier,
mes, se vos pleisoit, del couchier   952
me soferroie je molt bien.
— Je n'an feroie autremant rien,
fet la pucele, par mes ialz. »
Et cil, des que il ne puet mialz,   956
l'otroie si com ele vialt ;
de l'otroier li cuers li dialt,
quant itant seulemant le blesce,
molt avra au couchier tristesce ;   960
molt i avra orguel et painne
la dameisele qui l'an mainne :
espoir tant le puet ele amer,   [30 c]
ne l'en voldra quite clamer.   964
Puis qu'il li ot acreanté
son voloir et sa volenté,
si l'en mainne jusqu'an un baile,
n'avoit plus bel jusqu'an Thessaile,   968
qu'il estoit clos a la reonde
de hauz murs, et d'eve parfonde ;
et la dedanz home n'avoit
fors celui que ele atandoit.   972
    Cele i ot fet por son repeire
asez de beles chanbres feire,
et sale molt grant et pleniere.
Chevauchant lez une riviere   976
s'an vindrent jusqu'au herberjage,
et an lor ot, por le passage,
un pont torneïz avalé :
par sor le pont sont anz alé ;   980

s'ont trovee la sale overte,
qui de tiules estoit coverte ;
par l'uis qu'il ont trové overt,
antrent anz, et voient covert   984
un dois d'un tablier grant et lé ;
et sus estoient aporté
li mes, et les chandoiles mises
es chandeliers totes esprises,   988
et li henap d'argent doré,
et dui pot, l'uns plains de moré,
et li autres de fort vin blanc.
Delez le dois, au chief d'un banc   992
troverent deus bacins toz plains
d'eve chaude a laver lor mains ;
et de l'autre part ont trouvee
une toaille bien ovree,   996
bele et blanche, as mains essuier.
Vaslet, ne sergent, n'escuier,
n'ont trové leanz ne veü.
De son col oste son escu   1000
li chevaliers, et si le pant
a un croc, et la lance prant
et met sor un hantier an haut.
Tantost de son cheval jus saut,   1004
et la dameisele del suen.
Au chevalier fu bel et buen,
quant ele tant nel vost atendre   [31 a]
que il li eidast a descendre.   1008
Tantost qu'ele fu descendue
sanz demore et sanz atandue
tresqu'a une chanbre s'an cort ;
un mantel d'escarlate cort   1012
li aporte, si l'an afuble.

La sale ne fu mie enuble,
si luisoient ja les estoiles ;
mes tant avoit leanz chandoiles   1016
tortices, grosses et ardanz,
que la clartez estoit moult granz.
Quant cele li ot au col mis
le mantel, si li dit : « Amis,   1020
veez ci l'aigue et la toaille,
nus ne la vos ofre ne baille,
car ceanz fors moi ne veez ;
lavez voz mains, si asseez   1024
quant vos pleira et boen vos iert ;
l'ore et li mangiers le requiert,
si con vos le poez veoir ;
car lavez, s'alez asseoir.   1028
— Moult volantiers. » Et cil s'asiet,
et cele lez lui, cui moult siet ;
et mangierent ansanble et burent
tant que del mangier lever durent.   1032
   Quant levé furent del mangier,
dist la pucele au chevalier :
« Sire, alez vos la fors deduire,
mes que il ne vos doie nuire,   1036
et seulemant tant i seroiz,
se vos plest, que vos panseroiz
que je porrai estre couchiee.
Ne vos enuit ne ne dessiee,   1040
que lors porroiz a tans venir,
se covant me volez tenir. »
Et cil respont : « Je vos tendrai
vostre covant, si revandrai   1044
quant je cuiderai qu'il soit ore. »
Lors s'an ist fors, et si demore

une grant piece en mi la cort,
tant qu'il estuet qu'il s'an retort,   1048
car covant tenir li covient.
Arriere an la sale revient,
mes cele qui se fet s'amie   [31 b]
ne trueve, qu'el n'i estoit mie.   1052
Quant il ne la trueve ne voit,
si dit : « An quel leu qu'ele soit
je la querrai tant que je l'aie. »
Del querre plus ne se delaie   1056
por le covant que il li ot.
En une chanbre antre, si ot
an haut crier une pucele ;
et ce estoit meïsmes cele   1060
avoec cui couchier se devoit.
A tant d'une autre chanbre voit
l'uis overt, et vient cele part,
et voit tot en mi son esgart   1064
c'uns chevaliers l'ot anversee,
si la tenoit antraversee
sor le lit, tote descoverte ;
cele, qui cuidoit estre certe   1068
que il li venist en aïe,
crioit en haut : « Aïe ! aïe !
chevaliers, tu qui es mes ostes :
se de sor moi cestui ne m'ostes,   1072
il me honira, veant toi ;
ja te doiz tu couchier o moi ;
si con tu m'as acreanté ;
fera donc cist sa volenté   1076
de moi, veant tes ialz, a force ?
Gentix chevaliers, car t'esforce,
si me secor isnelemant. »

Cil voit que molt vileinemant   1080
tenoit la dameisele cil
descoverte jusqu'au nonbril ;
s'en a grant honte et molt l'en poise
quant nu a nu a li adoise ;   1084
si n'en ert mie talentos,
ne tant ne quant n'an ert jalos.
Mes a l'entree avoit portiers,
trestoz armez, deus chevaliers   1088
qui espees nues tenoient ;
aprés quatre sergent estoient,
si tenoit chascuns une hache
tel don l'en poïst une vache   1092
tranchier outre par mi l'eschine,
tot autresi con la racine
d'un genoivre ou d'une geneste.   [31 c]
Li chevaliers a l'uis s'areste   1096
et dit : « Dex, que porrai ge feire ?
Meüz sui por si grant afeire
con por la reïne Guenievre.
Ne doi mie avoir cuer de lievre   1100
quant por li sui an ceste queste :
se Malvestiez son cuer me preste
et je son comandemant faz,
n'ateindrai pas ce que je chaz ;   1104
honiz sui se je ci remaing.
Molt me vient or a grant desdaing,
quant j'ai parlé del remenoir ;
molt en ai le cuer triste et noir ;   1108
or en ai honte, or en ai duel
tel que je morroie mon vuel,
quant je ai tant demoré ci.
Ne ja Dex n'ait de moi merci,   1112

se jel di mie por orguel,
et s'asez mialz morir ne vuel
a enor que a honte vivre.
Se la voie m'estoit delivre, 1116
quele enor i avroie gié,
se cil me donoient congié
de passer oltre sanz chalonge ?
Donc i passeroit, sanz mançonge, 1120
ausi li pires hom qui vive
et je oi que ceste chestive
me prie merci molt sovant
et si m'apele de covant 1124
et molt vilmant le me reproche. »
Maintenant jusqu'a l'uis s'aproche,
et bote anz le col et la teste
et garde a mont par la fenestre : 1128
si voit les espees venir,
adonc se prist a retenir.
Li chevalier lor cos ne porent
detenir, qu'esmeüz les orent : 1132
an terre les espees fierent
si qu'anbedeus les peçoierent.
Quant eles furent peçoiees,
moins en a les haches prisiees 1136
et moins les an crient et redote ;
puis saut entr'ax, et fiert del cote
un sergent et un autre aprés ; [31 a]
les deus que il trova plus prés 1140
hurte des cotes et des braz
si qu'andeus les abat toz plaz ;
et li tierz a a lui failli,
et li quarz qui l'a assailli 1144
fiert si que le mantel li tranche,

et la chemise et la char blanche
li ront anprés l'espaule toste,
si que li sans jus an degote.   1148
Et cil qui rien ne se delaie
ne se plaint mie de sa plaie,
einz vet et fet ses pas plus emples,
tant qu'il aert par mi les temples   1152
celui qui esforçoit s'ostesse.
Randre li porra la promesse
et son covant, einz qu'il s'an aut.
Volsist ou non, le dresce an haut,   1156
et cil qui a lui failli ot
vient aprés lui, plus tost qu'il pot,
et lieve son cop derechief ;
sel cuide bien par mi le chief,   1160
jusqu'es danz, de la hache fandre ;
et cil qui bien s'an sot deffandre
li tant le chevalier ancontre :
et cil de la hache l'ancontre   1164
la ou l'espaule au col se joint
si que l'un de l'autre desjoint.
Et li chevaliers prant la hache,
des poinz isnelemant li sache,   1168
et leisse cel que il tenoit,
car deffandre le covenoit,
que li chevalier sus li vienent,
et cil qui les trois haches tienent,   1172
si l'asaillent molt cruelmant ;
et cil saut molt delivremant
antre le lit et la paroi
et dit : « Or ça, trestuit a moi !   1176
que s'or estïez vint et set,
des que ge ai tant de recet,

si avroiz vos bataille assez,
ja n'en serai par vos lassez. »   1180
Et la pucele qui l'esgarde
dit : « Par mes ialz, vos n'avez garde
d'or en avant la ou ge soie. »   [31 b]
Tot maintenant arriere anvoie   1184
les chevaliers et les sergenz ;
lors s'an vont tuit cil de laienz
sanz arest et sanz contredit ;
et la dameisele redit :   1188
« Sire, bien m'avez desresniee
ancontre tote ma mesniee.
Or an venez, je vos an main. »
An la sale an vont maint a main,   1192
et celui mie n'abeli
qu'il se soffrist molt bien de li.

    Un lit ot fet en mi la sale,
don li drap n'erent mie sale,   1196
mes blanc et lé et delïé.
N'estoit pas de fuerre esmïé
la couche, ne de coutes aspres.
Un covertor de deus dïaspres   1200
ot estandu desor la couche ;
et la dameisele s'i couche,
mes n'oste mie sa chemise.
Et cil a molt grant poinne mise   1204
au deschaucier et desnüer :
d'angoisse le covint süer ;
totevoies par mi l'angoisse
covanz le vaint et si le froisse.   1208
Donc est ce force ? Autant le vaut ;
par force covient que il s'aut
couchier avoec la dameisele ;

covanz l'en semont et apele.   1212
Et il se couche tot a tret,
mes sa chemise pas ne tret,
ne plus qu'ele ot la soe feite.
De tochier a li molt se gueite,   1216
einz s'an esloingne et gist anvers,
ne ne dit mot ne c'uns convert
cui li parlers est desfanduz,
quant an son lit gist estanduz ;   1220
n'onques ne torne son esgart
ne devers li ne d'autre part.
Bel sanblant feire ne li puet.
Por coi ? Car del cuer ne li muet,   1224
qu'aillors a mis del tot s'antante,
mes ne pleist mie n'atalante
quan qu'est bel, et gent a chascun.   [31 c]
Li chevaliers n'a cuer que un   1228
et cil n'est mie ancor a lui,
einz est comandez a autrui
si qu'il nel puet aillors prester.
Tot le fet en un leu ester   1232
Amors, qui toz les cuers justise.
Toz ? Nel fet, fors cez qu'ele prise.
Et cil s'an redoit plus prisier
cui ele daigne justisier.   1236
Amors le cuer celui prisoit
si que sor toz le justisoit
et li donoit si grant orguel
que de rien blasmer ne le vuel   1240
s'il lait ce qu'Amors li desfant
et la ou ele vialt antant.
La pucele voit bien et set
que cil sa conpaignie het   1244

et volentiers s'an sofferroit,
ne ja plus ne li requerroit,
qu'il ne quiert a li adeser,
et dit : « S'il ne vos doit peser,   1248
Sire, de ci me partirai.
En ma chanbre couchier m'irai
et vos an seroiz plus a eise :
ne cuit mie que molt vos pleise   1252
mes solaz, ne ma conpaignie.
Nel tenez pas a vilenie,
se je vos di ce que je cuit.
Or vos reposez mes enuit,   1256
que vos m'avez randu si bien
mon covant que nes une rien
par droit ne vos puis demander.
Si vos voel a Deu comander ;   1260
si m'an irai. » Lors si se lieve ;
au chevalier mie ne grieve,
einz l'an leisse aler volentiers
con cil qui est amis antiers   1264
autrui que li : bien l'aparçoit
la dameisele, et bien le voit ;
si est an sa chanbre venue
et si se couche tote nue,   1263
et lors a dit a li meïsmes :
« Des lores que je conui primes
chevalier, un seul n'an conui   [32 a]
que je prisasse, fors cestui,   1272
la tierce part d'un angevin ;
car si con ge pans et devin,
il vialt a si grant chose antendre
qu'ainz chevaliers n'osa enprendre   1276
si perilleuse ne si grief ;

et Dex doint qu'il an veigne a chief. »
A tant s'andormi et si jut
tant que li jorz clers aparut.   1280
    Tot maintenant que l'aube crieve,
isnelemant et tost se lieve.
Et li chevaliers si resvoille,
si s'atorne et si s'aparoille   1284
et s'arme, que nelui n'atant.
La dameisele vient a tant,
si voit qu'il est ja atornez :
« Boens jorz vos soit hui ajornez »,   1288
fet ele, quant ele le voit.
— Et vos, dameisele, si soit »,
fet li chevaliers d'autre part ;
et cil dit que molt li est tart,   1292
qu'an li ait son cheval fors tret.
La pucele amener li fet
et dit : « Sire, je m'an iroie
o vos grant piece an ceste voie,   1296
se vos mener m'an osïez
et conduire m'i devïez
par les us et par les costumes
qui furent ainz que nos ne fumes   1300
el reaume de Logres mises. »
Les costumes et les franchises
estoient tex, a cel termine,
que dameisele ne meschine,   1304
se chevaliers la trovast sole,
ne plus qu'il se tranchast la gole
ne feïst se tote enor non,
s'estre volsist de boen renon ;   1308
et, s'il l'esforçast, a toz jorz
an fust honiz an totes corz.

Mes, se ele conduit eüst
uns autres, se tant li pleüst   1312
qu'a celui bataille an feïst
et par armes la conqueïst,
sa volenté an poïst faire   [32 b]
sanz honte et sanz blasme retraire.   1316
Por ce la pucele li dist
que, se il l'osast ne volsist
par ceste costume conduire
que autres ne li poïst nuire,   1320
qu'ele s'an alast avoec lui.
Et cil li dit : « Ja nus enui
ne vos fera ce vos otroi,
que premiers ne le face moi.   1324
— Dons i voel ge, fet ele, aler. »
Son palefroi fet anseler :
tost fu ses comandemanz fez ;
li palefroiz li fu fors trez   1328
et li chevax au chevalier.
Andui montent sanz escuier,
si s'an vont molt grant aleüre.
Cele l'aresne, et il n'a cure   1332
de quan que ele l'aparole,
einçois refuse sa parole :
pansers li plest, parlers li grieve.
Amors molt sovant li escrieve   1336
la plaie que feite li a ;
onques anplastre n'i lïa
por garison ne por santé,
qu'il n'a talant ne volanté   1340
d'emplastre querre ne de mire,
se sa plaie ne li anpire ;
mes celi querroit volantiers...

Tant tindrent voies et santiers,   1344
si con li droiz chemins les mainne,
que il voient une fontainne.
La fontainne est en mi uns prez
et s'avoit un perron delez.   1348
Sor le perron qui ert iqui
avoit oblïé ne sai qui,
un peigne d'ivoire doré.
Onques, des le tens Ysoré,   1352
ne vit si bel sages ne fos.
Es danz del peigne ot des chevos
celi qui s'an estoit paigniee
remés bien demie poigniee.   1356
  Quant la dameisele parçoit
la fontainne et le perron voit,
se ne volt pas que cil la voie,   [32 c]
einz se mist en une autre voie.   1360
Et cil qui se delite et pest
de son panser qui molt li plest
ne s'aparçoit mie si tost
que ele fors sa voie l'ost ;   1364
mes quant il s'est aparceüz,
si crient qu'il ne soit deceüz,
qu'il cuide que ele ganchisse
et que fors de son chemin isse   1368
por eschiver aucun peril.
« Ostez, dameisele, fet il ;
n'alez pas bien ; venez deça :
onques, ce cuit, ne s'adreça   1372
qui fors de cest chemin issi.
— Sire, nos irons mialz par ci,
fet la pucele, bien le sai. »
Et cil li respont : « Je ne sai,   1376

dameisele, que vos pansez ;
mes ce poez veoir asez
que c'est li droiz chemins batuz ;
des que ge m'i sui anbatuz,   1380
je ne tornerai autre san ;
mes, s'il vos plest, venez vos an,
que g'irai ceste voie adés. »
Lors s'an vont tant qu'il vienent pres   1384
del perron et voient le peigne :
« Onques certes, don moi soveigne,
fet li chevaliers, mes ne vi
tant bel peigne con je voi ci.   1388
— Donez le moi, fet la pucele.
— Volentiers, dit il, dameisele. »
Et lors s'abeisse, et si le prant.
Quant il le tint, molt longuemant   1392
l'esgarde, et les chevox remire ;
et cele an comança a rire.
Et quant il la voit, se li prie,
por qu'ele a ris, qu'ele li die ;   1396
et cele dit : « Teisiez vos an ;
ne vos an dirai rien oan.
— Por coi ? fet il. — Car je n'ai cure. »
Et quant cil l'ot, si li conjure   1400
come cil qui ne cuidoit mie
qu'amie ami, n'amis amie
doient parjurer a nul fuer :   [32 a]
« Se vos rien nule amez de cuer,   1404
dameisele, de par celi
vos conjur et requier et pri
que vos plus ne le me celez.
— Trop a certes m'an apelez,   1408
fet ele, si le vos dirai ;

de rien nule n'an mantirai :
cist peignes, se j'onques soi rien,
fu la reïne, jel sai bien ;   1412
et d'une chose me creez
que les chevox que vos veez,
si biax, si clers et si luisanz,
qui sont remés antre les danz,   1416
que del chief la reïne furent :
onques en autre pré ne crurent. »
Et li chevaliers dit : « Par foi,
assez sont reïnes et roi ;   1420
mes de la quel volez vos dire ? »
Et cele dit : « Par ma foi, sire,
de la fame le roi Artu. »
Quant cil l'ot, n'a tant de vertu   1424
que tot nel coveigne ploier :
par force l'estut apoier
devant a l'arçon de la sele.
Et quant ce vit la dameisele,   1428
si s'an mervoille et esbaïst,
qu'ele cuida que il cheïst ;
s'ele ot peor, ne l'en blasmez,
qu'ele cuida qu'il fust pasmez.   1432
Si ert il, autant se valoit,
molt po de chose s'an failloit,
qu'il avoit au cuer tel dolor
que la parole et la color   1436
ot une grant piece perdue.
Et la pucele est descendue,
et si cort quan qu'ele pot corre
por lui retenir et secorre,   1440
qu'ele ne le volsist veoir,
por rien nule, a terre cheoir.

Quant il la vit, s'en ot vergoigne,
si li a dit : « Por quel besoigne   1444
venistes vos ci devant moi ? »
Ne cuidiez pas que le porcoi
la dameisele l'an conoisse,   [32 *b*]
qu'il an eüst honte et angoisse,   1448
et si li grevast et neüst,
se le voir l'en reconeüst ;
si s'est de voir dire gueitiee,
einz dit come bien afeitiee :   1452
« Sire, je ving cest peigne querre,
por ce sui descendue a terre ;
que de l'avoir oi tel espans,
ja nel cuidai tenir a tans. »   1456
Et cil, qui vialt que le peigne ait,
li done, et les chevox an trait,
si soëf que nul n'an deront.
Ja mes oel d'ome ne verront   1460
nule chose tant enorer,
qu'il les comance a aorer,
et bien .c^m. foiz les toche
et a ses ialz, et a sa boche,   1464
et a son front, et a sa face ;
n'est joie nule qu'il n'an face :
molt s'an fet liez, molt s'an fet riche ;
an son soing, pres del cuer, les fiche   1468
entre sa chemise et sa char.
N'en preïst pas chargié un char
d'esmeraudes ne d'escharboncles ;
ne cuidoit mie que reoncles   1472
ne autres max ja més le praigne ;
dïamargareton desdaigne
et pleüriche et tirïasque,

neïs saint Martin et saint Jasque ;   1476
car an ces chevox tant se fie
qu'il n'a mestier de lor aïe,
mes quel estoient li chevol ?
Et por mançongier et por fol   1480
m'an tanra l'en, se voir an di :
quant la foire iert plainne au Lendi
et il i avra plus avoir,
nel volsist mie tot avoir   1484
li chevaliers, c'est voirs provez.
si n'eüst ces chevox trovez.
Et, se le voir m'an requerez,
ors .c^m. foiz esmerez   1488
et puis autantes foiz recuiz
fust plus oscurs que n'est la nuiz
contre le plus bel jor d'esté
qui ait an tot cest an esté,   [32 c]
qui l'or et les chevols veïst,
si que l'un lez l'autre meïst.
Et que feroie ge lonc conte ?
La pucele molt tost remonte,   1496
a tot le peigne qu'ele an porte ;
et cil se delite et deporte
es chevox qu'il a en son saing.
Une forest aprés le plaing   1500
truevent et vont par une adresce
tant que la voie lor estresce,
s'estut l'un aprés l'autre aler,
qu'an n'i poïst mie mener   1504
deus chevax por rien coste a coste ;
la pucele devant son oste
s'an vet molt tost la voie droite.
La ou la voie ert plus estroite,   1508

voient un chevalier venant.
La dameisele maintenant,
de si loing com ele le vit,
l'a coneü, et si a dit :   1512
« Sire chevaliers, veez vos
celui qui vient ancontre vos
toz armez et prez de bataille ?
Il m'an cuide mener sanz faille   1516
avoec lui sanz nule desfanse ;
ce sai ge bien que il le panse,
qu'il m'ainme, et ne fet pas que sages,
et par lui et par ses messages   1520
m'a proiee, molt a lonc tans ;
mes m'amors li est an desfans,
que por rien amer nel porroie ;
si m'aïst Dex, einz me morroie   1524
que je l'amasse an nul androit.
Je sai bien qu'il a or androit
si grant joie, et tant se delite
con s'il m'avoit ja tote quite ;   1528
mes or verrai que vos feroiz :
or i parra, se preuz seroiz,
or le verrai, or i parra,
se vostre conduiz me garra.   1532
Se vos me poëz garantir,
donques dirai ge sanz mantir
que preuz estes et molt valez. »
Et il li dit : « Alez, alez. »   [33 a]
Et ceste parole autant vaut
con se il deïst : « Po m'an chaut,
que por neant vos esmaiez,
de chose que dite m'aiez. »   1540
   Que que il vont ensi parlant,

ne vint mie cele part lant
li chevaliers qui venoit seus,
les grans galoz ancontre aus deus ;   1544
et por ce li plest a haster
qu'il ne cuide mie gaster,
et por boens eürez se clainme,
quant la rien voit que il plus ainme.   1548
Tot maintenant que il l'aproche,
de cuer la salue et de boche
et dit : « La riens que je plus vuel,
don moins ai joie, et plus me duel,   1552
soit bien veignanz, don qu'ele veingne. »
N'est mie droiz que cele teingne
vers lui sa parole si chiere
que ele ne li rande arriere,   1556
au moins de boche, son salu.
Molt a au chevalier valu,
quant la pucele le salue,
qui sa boche pas n'en palue   1560
ne ne li a neant costé.
Et s'il eüst tres bien josté
cele ore a un tornoiemant,
ne s'an prisast il mie tant,   1564
ne ne cuidast avoir conquis
ne tant d'enor, ne tant de pris.
Por ce que mialz s'an ainme et prise
l'a par la resne del frain prise   1568
et dit : « Or vos an manrai gié ;
molt ai hui bien et droit nagié,
qu'a molt boen port sui arivez.
Or sui ge toz descheitivez :   1572
de peril sui venuz a port,
de grant enui a grant deport,

de grant dolor a grant santé ;
or ai tote ma volanté,   1576
quant en tel meniere vos truis
qu'avoec moi mener vos an puis
or androit, que n'i avrai honte. »   [33 b]
Et cele dit : « Rien ne vos monte,   1580
que cist chevaliers me conduit.
— Certes, ci a malvés conduit,
fet il, qu'adés vos en maing gié.
Un mui de sel avroit mangié   1584
cist chevaliers, si con je croi,
einçois qu'il vos desraist vers moi ;
ne cuit c'onques home veïsse
vers cui je ne vos conqueïsse ;   1588
et quant je vos truis an aeise,
mes que bien li poist et despleise,
vos an manrai, veant ses ialz,
et s'an face trestot son mialz. »   1592
Li autres de rien ne s'aïre
de tot l'orguel qu'il li ot dire,
mes sanz ranpone et sanz vantance
a chalongier la li comance,   1596
et dist : « Sire, ne vos hastez,
ne voz paroles ne gastez,
mes parlez un po par mesure.
Ja ne vos iert vostre droiture   1600
tolue, quant vos l'i avroiz.
Par mon conduit, bien le savroiz,
est ci la pucele venue ;
Lessiez la, trop l'avez tenue,   1604
qu'ancor n'a ele de vos garde. »
Et cil otroie que an l'arde,
s'il ne l'an mainne maugré suen.

Cil dit : « Ce ne seroit pas buen,   1608
se mener la vos an lessoie ;
sachiez, einçois m'en combatroie.
Mes, se nos bien nos volïens
conbatre, nos ne porrïens   1612
an cest chemin por nule painne ;
mes alons desqu'a voie plainne,
ou jusqu'a pree ou jusqu'a lande. »
Cil dit que ja mialz ne demande   1616
et dit : « Certes bien m'i acort :
de ce n'avez vos mie tort
que cist chemins est trop estroiz ;
ja iert mes chevax si destroiz,   1620
einçois que ge torner le puisse,
que je crien qu'il se brit la cuisse. »
Lors se torne a molt grant destresce,   [33 c]
mes son cheval mie ne blesce,   1624
ne de rien n'i est anpiriez,
et dit : « Certes molt sui iriez,
quant antre ancontré ne nos somes
an place lee et devant homes,   1628
que bel me fust que l'en veïst
li quex de nos mialz le feïst ;
mes or venez, se l'irons querre :
nos troverons pres de ci terre   1632
tote delivre et grant et lee. »
Lors s'an vont jusqu'a une pree :
an cele pree avoit puceles
et chevaliers et dameiseles,   1636
qui jooient a plusors jeus,
por ce que biax estoit li leus.
Ne jooient pas tuit a gas,
mes as tables et as eschas   1640

li un as dez, li autre au san,
a la mine i rejooit l'an.
A ces jeus li plusors jooient,
li autre, qui iluec estoient,   1644
redemenoient lor anfances,
baules, et quaroles, et dances ;
et chantent et tunbent et saillent,
et au luitier se retravaillent.   1648
  Uns chevaliers auques d'ahé
estoit de l'autre part del pré
sor un cheval d'Espaigne sor ;
s'avoit lorain et sele d'or   1652
et s'estoit de chienes meslez.
Une main a l'un de ses lez
avoit par contenance mise ;
por le bel tans ert an chemise,   1656
s'esgardoit les geus et les baules ;
un mantel ot par ses espaules
d'escarlate et de veir antier.
De l'autre part, lez un santier,   1660
en avoit jusqu'a .xxiij.
armez, sor boens chevax irois.
Tantost con li troi lor sorvienent,
tuit de joie feire se tienent   1664
et crïent tuit par mi les prez :
« Veez le chevalier, veez,
qui fu menez sor la charrete.   [33 a]
N'i ait mes nul qui s'antremete   1668
de joër, tant con il i ert
dahez ait qui joër i quiert
et dahez ait qui daingnera
joër, tant con il i sera. »   1672
Et antretant ez vos venu

le fil au chevalier chenu,
celui qui la pucele amoit
et por soe ja la tenoit ;   1676
si dist : « Sire, molt ai grant joie,
et qui le vialt oïr si l'oie,
que Dex m'a la chose donee
que j'ai toz jorz plus desirree ;   1680
n'il ne m'aüst pas tant doné
s'il m'eüst fet roi coroné,
ne si boen gré ne l'en seüsse,
ne tant gahaignié n'i eüsse ;   1684
car cist gaainz est biax et buens.
— Ne sai encor se il est tuens »,
fet li chevaliers a son fil.
Tot maintenant li respont cil :   1688
« Nel savez ? Nel veez vos donques ?
Por Deu, sire, n'an dotez onques,
quant vos veez que je la tieng :
an cele forest don je vieng   1692
l'ancontrai ore ou el venoit.
Je cuit que Dex la m'amenoit :
si l'ai prise come la moie.
— Ne sai ancor se cil l'otroie   1696
qui je voi venir aprés toi ;
chalongier la te vient, ce croi. »
Antre ces diz et ces paroles
furent remeses les quaroles   1700
por le chevalier que il virent,
ne jeu ne joie plus ne firent,
por mal de lui et por despit.
Et li chevaliers sanz respit   1704
vint molt tost aprés la pucele.
« Lessiez, fet il, la dameisele,

chevaliers, que n'i avez droit.
Se vos osez, tot or androit   1708
la desfandrai vers vostre cors. »
Et li chevaliers vialz dist lors :
« Don ne le savoie je bien ?   [33 *b*]
Biax filz, ja plus ne la retien,   1712
la pucele, mes leisse l'i. »
A celui mie n'abeli,
qu'il jure qu'il n'en randra point,
et dit : « Ja Dex puis ne me doint   1716
joie, que je la li randrai.
Je la tieng et si la tendrai
come la moie chose lige.
Einz iert de mon escu la guige   1720
ronpue et totes les enarmes,
ne an mon cors ne an mes armes
n'avrai je puis nule fïance,
ne an m'espee, n'en ma lance,   1724
quant je li lesserai m'amie. »
Et cil dit : « Ne te leirai mie
conbatre, por rien que tu dies.
An ta proesce trop te fies ;   1728
mes fai ce que je te comant. »
Cil, par orguel, respont itant :
« Sui j'anfes a espoanter ?
De ce me puis je bien vanter   1732
qu'il n'a, tant con la mers aceint,
chevalier, ou il en a meint,
nul si boen cui je la leissasse,
et cui ge feire n'an cuidasse   1736
an molt po d'ore recreant. »
Li peres dit : « Je t'acreant,
biax filz, ensi le cuides tu,

tant te fïes an ta vertu,   1740
mes ne voel, ne ne voldrai hui
que tu t'essaies a cestui. »
Et cil respont : « Honte feroie,
se je vostre consoil creoie.   1744
Maudahez ait qui le cresra
et qui por vos se recresra,
que fieremant ne me conbate.
Voirs est que privez mal achate :   1748
mialz poïsse aillors barguignier,
que vos me volez angingnier.
Bien sai qu'an un estrange leu
poïsse mialz feire mon preu.   1752
ja nus qui ne me coneüst
de mon voloir ne me meüst,
et vos m'an grevez et nuisiez.   [33 c]
Tant an sui je plus angoissiez   1756
par ce que blasmé m'an avez ;
car qui blasme, bien le savez,
son voloir a home n'a fame,
plus en art et plus en anflame.   1760
Mes se je rien por vos an les,
ja Dex joie ne me doint mes ;
einz me combatrai, mau gré vostre,
— Foi que doi saint Pere l'apostre,   1764
fet li peres, or voi ge bien
que proiere n'i valdroit rien.
Tot pert quan que je te chasti ;
mes je t'avrai molt tost basti   1768
tel plet que, maleoit gré tuen,
t'estovra feire tot mon buen,
car tu an seras au desoz. »
Tot maintenant apele toz   1772

les chevaliers, qui a lui veignent ;
si lor comande qu'il li tiegnent
son fil, qu'il ne puet chastïer ;
et dit : « Jel feroie lïer,   1776
einz que conbatre le lessasse.
Vos estes tuit mi home a masse,
si me devez amor et foi :
sor quan que vos tenez de moi   1780
le vos comant, et pri ansanble.
Grant folie fet, ce me sanble,
et molt li vient de grant orguel,
quant il desdit ce que je vuel. »   1784
Et cil dïent qu'il le panront,
ne ja puis que il le tanront
de conbatre ne li prendra
talanz, et si li covendra,   1788
mau gré suen, la pucele randre.
Lors le vont tuit seisir et prandre
et par les braz et par le col.
« Dons ne te tiens tu or por fol ?   1792
fet li peres ; or conuis voir :
or n'as tu force ne pooir
de conbatre ne de joster
que que il te doie coster,   1796
que qu'il t'enuit ne qu'il te griet
Ce qu'il me plest et qui me siet
otroie, si feras que sages.   [34 a]
Et sez tu quiex est mes corages ?   1800
Por ce que mandres soit tes diax,
siudrons moi et toi, se tu viax,
le chevalier, hui et demain,
et par le bois et par le plain,   1804
chascuns sor son cheval anblant.

De tel estre et de tel sanblant
le porrïens nos tost trover
que je t'i leiroie esprover   1808
et conbatre a ta volanté. »
Lors li a cil acreanté
mau gré suen, quant feire l'estuet ;
et cil qui amander nel puet   1812
dist qu'il s'an sofferroit por lui,
mes qu'il le siudront amedui.
Et quant ceste avanture voient
les genz, qui par le pré estoient,   1816
si dïent tuit : « Avez veü ?
Cil qui sor la charrete fu
a hui conquise tel enor
que l'amie au fil mon seignor   1820
en mainne, sel siudra mes sire.
Por verité, poomes dire
que aucun bien cuide qu'il ait
an lui, quant il mener li lait.   1824
Et cent dahez ait qui meshui
lessera a joer por lui.
Ralons joer ». Lors recomancent
lor jeus, si querolent et dancent.   1828
   Tantost li chevaliers s'an torne,
en la pree plus ne sejorne,
mes aprés lui pas ne remaint
la pucele qu'il ne l'en maint.   1832
Andui s'an vont a grant besoing.
Li filz et li peres, de loing,
les sivent ; par un pré fauchié
s'ont jusqu'a none chevalchié ;   1836
et truevent en un leu molt bel
un mostier et, lez le chancel,

un cemetire de murs clos.
Ne fist que vilains ne que fos   1840
li chevaliers qui el mostier
entra a pié por Deu proier.
Et la dameisele li tint   [34 b]
son cheval, tant que il revint.   1844
Quant il ot feite sa proiere
et il s'an revenoit arriere,
si li vient uns moinnes molt vialz
a l'encontre, devant ses ialz.   1848
Quant il l'encontre, se li prie
molt dolcemant que il li die
que par dedanz ces murs avoit.
Et cil respont qu'il i avoit   1852
un cemetire ; et cil li dist :
« Menez m'i, se Dex vos aïst.
— Volentiers, sire. » Lors l'en mainne.
El cemetire aprés le mainne   1856
antre les tres plus beles tonbes
qu'an poïst trover jusqu'a Donbes,
ne de la jusqu'a Panpelune ;
et s'avoit letres sor chascune   1860
qui les nons de ces devisoient
qui dedanz les tonbes girroient.
Et il meïsmes tot a tire
comança lors les nons a lire   1864
et trova : « Ci girra Gauvains,
ci Looys, et ci Yvains. »
Aprés ces trois i a mainz liz,
des nons as chevaliers esliz,   1868
des plus prisiez et des meillors
et de cele terre et d'aillors.
Antre les autres une an trueve

de marbre, et sanble estre de l'ueve   1872
sor totes les autres plus bele.
Li chevaliers le moinne apele
et dit : « Ces tonbes qui ci sont,
de coi servent ? » Et cil respont :   1876
« Vos avez les letres veües ;
se vos les avez antendues,
don savez vos bien qu'eles dïent
et que les tonbes senefïent.   1880
— Et de cele plus grant me dites
de qu'ele sert. » Et li hermites
respont : « Jel vos dirai assez :
c'est un veissiax qui a passez   1884
toz ces qui onques furent fet ;
si riche ne si bien portret
ne vit onques ne ge ne nus ;   [34 c]
biax est dedanz et defors plus ;   1888
mes ce metez en nonchaloir,
que rien ne vos porroit valoir,
que ja ne la verroiz dedanz ;
car set homes molt forz et granz   1892
i covandroit au descovrir,
qui la tonbe voldroit ovrir,
qu'ele est d'une lame coverte.
Et sachiez que c'est chose certe   1896
qu'au lever covandroit set homes
plus forz que moi et vos ne somes.
Et letres escrites i a
qui dïent : « Cil qui levera   1900
« cele lanme seus par son cors
« gitera ces et celes fors
« qui sont an la terre an prison,
« don n'ist ne clers ne gentix hon   1904

« des l'ore qu'il i est antrez ;
« n'ancors n'en est nus retornez :
« les estranges prisons retienent ;
« et cil del pais vont et vienent   1908
« et anz et fors a lor pleisir. »
Tantost vet la lame seisir
li chevaliers, et si la lieve,
si que de neant ne s'i grieve,   1912
mialz que dis home ne feïssent
se tot lor pooir i meïssent.
Et li moinnes s'an esbahi
si qu'a bien pres qu'il ne chaï,   1916
quant veü ot ceste mervoille ;
car il ne cuidoit la paroille
veoir an trestote sa vie ;
si dit : « Sire, or ai grant envie   1920
que je seüsse vostre non ;
direiez le me vos ? — Je, non,
fet li chevaliers, par ma foi.
— Certes, fet il, ce poise moi ;   1924
mes se vos le me diseiez,
grant corteisie fereiez,
si porreiez avoir grant preu.
Dom estes vos, et de quel leu ?   1928
— Uns chevaliers sui, ce veez,
del rëaume de Logres nez :
a tant an voldroie estre quites ;   [34 a]
et vos, s'il vos plest, me redites   1932
an cele tonbe qui girra ?
— Sire, cil qui delivrera
toz ces qui sont pris a la trape
el rëaume don nus n'eschape. »   1936
Et quant il li ot tot conté,

li chevaliers l'a comandé
a Deu et a trestoz ses sainz ;
et lors est, c'onques ne pot ainz,   1940
a la dameisele venuz,
et li vialz moinnes, li chenuz,
fors de l'eglise le convoie ;
a tant vienent en mi la voie,   1944
et que que la pucele monte,
li moinnes trestot li reconte
quan que cil leanz fet avoit,
et son non, s'ele le savoit,   1948
li pria qu'ele li deïst,
tant que cele li regeïst
qu'ele nel set, mes une chose
seürement dire li ose,   1952
qu'il n'a tel chevalier vivant
tant con vantent les quatre vant.

Tantost la pucelle le leisse,
aprés le chevalier s'esleisse.   1956
Maintenant, cil qui les sivoient
vienent, et si truevent et voient
le moinne seul devant l'eglise.
Li vialz chevaliers an chemise   1960
li dist : « Sire, veïstes vos
un chevalier, dites le nos,
qui une dameisele mainne ? »
Et cil respont : « Ja ne m'iert painne   1964
que tot le voir ne vos an cont,
car or androit de ci s'an vont.
Et li chevaliers fu leanz,
si a fet mervoilles si granz   1968
que toz seus la lame leva
c'onques de rien ne s'i greva,

de sor la grant tonbe marbrine.
Il vet secorre la reïne,   1972
et il la secorra sanz dote,
et avoec li l'autre gent tote.
Vos meïsmes bien le savez,   [34 *b*]
qui sovant leües avez   1976
les letres qui sont sor la lame.
Onques voir d'ome ne de fame
ne nasquié, n'en sele ne sist
chevaliers qui cestui vausist. »   1980
Et lors dit li pere a son fil :
« Filz, que te sanble ? Don n'est il
molt preuz, qui a fet tel esforz ?
Or sez tu bien cui fu li torz :   1984
bien sez se il fu tuens ou miens.
Je ne voldroie por Amiens
qu'a lui te fusses conbatuz,
si t'an ies tu molt debatuz,   1988
einçois qu'an t'an poïst torner.
Or nos an poons retorner,
car grant folie ferïens
s'avant de ci les suïens. »   1992
Et cil respont : « Je l'otroi bien :
li siudres ne nos valdroit rien.
Des qu'il vos plest, ralons nos an. »
Del retorner a fet grant san ;   1996
et la pucele tote voie
le chevalier de prés costoie,
si le vialt feire a li antendre,
et son non vialt de lui aprendre ;   2000
ele li requiert qu'il li die,
une foiz et autre li prie,
tant que il li dit par enui :

« Ne vos ai ge dit que je sui   2004
del rëaume le roi Artu ?
Foi que doi Deu et sa vertu,
de mon non ne savroiz vos point. »
Lors li dit cele qu'il li doint   2008
congié, si s'an ira arriere ;
et il li done a bele chiere.

A tant la pucele s'an part,
et cil, tant que il fu molt tart,   2012
a chevalchié sanz conpaignie.
Aprés vespres, androit conplie,
si com il son chemin tenoit,
vit un chevalier qui venoit   2016
del bois ou il avoit chacié.
Cil venoit le hiaume lacié
et a sa venison trossee,   [34 *c*]
tel con Dex li avoit donee,   2020
sor un grant chaceor ferrant.
Li vavasors molt tost errant
vient ancontre le chevalier,
si le prie de herbergier :   2024
« Sire, fet il, nuiz iert par tans :
de herbergier est hui mes tans,
sel devez feire par reison ;
et j'ai une moie meison   2028
ci pres, ou ge vos manrai ja.
Einz nus mialz ne vos herberja
lonc mon pooir que je ferai,
s'il vos plest et liez an serai.   2032
— Et g'en resui molt liez », fet cil.
Avant en anvoie son fil
li vavasors tot maintenant,
por feire l'ostel avenant   2036

et por la cuisine haster.
Et li vaslez sanz arester
fist tantost son comandemant
molt volantiers et lëaumant,   2040
si s'an vet molt grant aleüre.
Et cil qui del haster n'ont cure
ont aprés lor chemin tenu,
tant qu'il sont a l'ostel venu.   2044
Li vavasors avoit a fame
une bien afeitiee dame,
et cinc filz qu'il avoit molt chiers,
trois vaslez et deus chevaliers,   2048
et deus filles gentes et beles
qui ancor estoient puceles.
N'estoient pas del païs né,
mes il estoient anserré,   2052
et prison tenu i avoient
molt longuemant, et si estoient
del rëaume de Logres né.
Li vavasors a amené   2056
le chevalier dedanz sa cort,
et la dame a l'encontre cort,
et si fil et ses filles saillent ;
por lui servir trestuit se baillent ;   2060
si le salüent et descendent.
A lor seignor gaires n'antendent
ne les serors ne li cinc frere,   [35 a]
car bien savoient que lor pere   2064
voloit que ensi le feïssent.
Molt l'enorent et conjoïssent ;
et quant il l'orent desarmé,
son mantel li a afublé   2068
l'une des deus filles son oste,

au col li met et del suen l'oste.
S'il fu bien serviz au soper,
de ce ne quier je ja parler ;   2072
mes quant ce vint aprés mangier,
onques n'i ot puis fet dongier
de parler d'afeires plusors.
Premieremant li vavasors   2076
comança son oste a enquerre
qui il estoit, et de quel terre,
mes son non ne li anquist pas.
Et il respont eneslepas :   2080
« Del rëaume de Logres sui,
einz mes an cest païs ne fui. »
Et quant li vavasors l'entant,
si s'an mervoille duremant   2084
et sa fame et si anfant tuit,
n'i a un seul cui molt n'enuit ;
si li ancomancent a dire :
« Tant mar i fustes, biax dolz sire,   2088
tant est granz domages de vos ;
c'or seroiz ausi come nos
et an servage et an essil.
— Et dom estes vos donc ? fet il.   2092
— Sire, de vostre terre somes.
An cest païs a mainz prodomes
de vostre terre an servitume.
Maleoite soit tex costume   2096
et cil avoec, qui la maintiennent,
que nul estrange ça ne vienent
qu'a remenoir ne lor covaingne
et que la terre nes detaigne ;   2100
car qui se vialt antrer i puet,
mes a remenoir li estuet.

De vos meïsmes est or pes :
vos n'en istroiz, ce cuit, ja més.   2104
— Si ferai, fet il, se je puis. »
Li vavasors li redit puis :
« Comant ? Cuidiez an vos issir ?   [35 b]
— Oïl, se Deu vient a pleisir ;   2108
et g'en ferai mon pooir tot.
— Donc an istroient sanz redot
trestuit li autre quitemant ;
car puis que li uns lëaumant   2112
istra fors de ceste prison,
tuit li autre, sanz mesprison,
an porront issir sanz desfanse. »
A tant li vavasors s'apanse   2116
qu'an li avoit dit et conté
c'uns chevaliers de grant bonté
el païs a force venoit
por la reïne que tenoit   2120
Meleaganz, li filz le roi ;
et dit : « Certes, je pans et croi
que ce soit il, dirai li donques. »
Lors li dist : « Ne me celez onques,   2124
sire, rien de vostre besoigne
par un covant que je vos doigne
consoil au mialz que je savrai.
Je meïsmes preu i avrai   2128
se vos bien feire le poëz.
La verité m'an desnoëz
por vostre preu et por le mien.
An cest païs, ce cuit je bien,   2132
estes venuz por la reïne,
antre ceste gent sarradine
qui peior que Sarrazin sont. »

Et li chevaliers li respont :   2136
« Onques n'i ving por autre chose.
Ne sai ou ma dame est anclose,
mes a li rescorre tesoil,
et s'ai grant mestier de consoil.   2140
Conseilliez moi, se vos savez. »
Et cil dit : « Sire, vos avez
anprise voie molt grevainne.
La voie ou vos estes vos mainne   2144
au Pont de l'Espee tot droit.
Consoil croire vos covendroit :
se vos croire me volïez,
au Pont de l'Espee irïez   2148
par une plus seüre voie,
et je mener vos i feroie. »
Et cil qui la menor covoite   [35 c]
li demande : « Est ele ausi droite   2152
come ceste voie de ça ?
— Nenil, fet il, einçois i a
plus longue voie et plus seüre. »
Et cil dit : « De ce n'ai ge cure ;   2156
mes an cesti me conseilliez,
car je i sui apareilliez.
— Sire, voir, ja n'i avroiz preu :
se vos alez par autre leu,   2160
demain venroiz a un passage
ou tost porroiz avoir domage,
s'a non : LI PASSAGES DES PIERRES.
Volez que je vos die gierres   2164
del passage com il est max ?
N'i puet passer c'uns seus chevax :
lez a lez n'i iroient pas
dui home, et si est li trespas   2168

bien gardez et bien desfanduz.
Ne vos sera mie randuz
maintenant que vos i vandroiz ;
d'espee et de lance i prandroiz   2172
maint cop, et s'an randroiz assez
einz que soiez outre passez. »
Et quant il li ot tot retret,
uns chevaliers avant se tret,   2176
qui estoit filz au vavasor,
et dit : « Sire, avoec cest seignor
m'an irai, se il ne vos grieve. »
A tant uns des vaslez se lieve   2180
et dit : « Ausins i irai gié. »
Et li pere an done congié
molt volentiers a enbedeus.
Or ne s'an ira mie seus   2184
li chevaliers, ses an mercie,
qui molt amoit la conpaignie.

    A tant les paroles remainnent,
le chevalier couchier an mainnent ;   2188
si dormi, se talant en ot.
Tantost con le jor veoir pot,
se lieve sus, et cil le voient
qui avoec lui aler devoient ;   2192
si sont tot maintenant levé.
Li chevalier se sont armé,
si s'an vont, et ont congié pris ;   [35 a]
et li vaslez s'est devant mis,   2196
et tanz lor voie ansanble tienent
qu'au Passage des Pierres vienent,
a ore de prime tot droit.
Une bretesche en mi avoit,   2200
ou il avoit un home adés.

Einçois que il venissent prés,
cil qui sor la bretesche fu
les voit, et crie a grant vertu :   2204
« Cist vient por mal ! Cist vient por mal ! »
A tant ez vos sor un cheval
un chevalier sor la bretesche,
armé d'une armeüre fresche,   2208
et de chascune part sergenz
qui tenoient haches tranchanz.
Et quant il au passage aproche,
cil qui l'esgarde li reproche   2212
la charrete molt laidemant,
et dit : « Vasax, grant hardemant
as fet, et molt es fos naïs,
quant antrez ies an cest païs.   2216
Ja hom ça venir ne deüst
qui sor charrete esté eüst,
et ja Dex joïr ne t'an doint. »
A tant li uns vers l'autre point   2220
quan que cheval porent aler ;
et cil qui doit le pas garder
peçoie sa lance a estros
et lesse andeus cheoir les tros ;   2224
et cil an la gorge l'asanne
trestot droit par desoz la panne
de l'escu, si le giete anvers
desus les pierres an travers ;   2228
et li sergent as haches saillent,
mes a esçïant a lui faillent,
qu'il n'ont talant de feire mal
ne a lui ne a son cheval.   2232
Et li chevaliers parçoit bien
qu'il nel voelent grever de rien,

ne n'ont talant de lui mal feire ;
si n'a soing de s'espee treire,   2236
einz s'an passe oltre sanz tançon,
et aprés lui si conpaignon.
Et li uns d'ax a l'autre dit   [35 *b*]
c'onques tel chevalier ne vit,   2240
ne nus a lui ne s'aparoille.
« Dont n'a il feite grant mervoille
qui par ci est passez a force ?
— Biax frere, por Deu, car t'esforce,   2244
fet li chevaliers a son frere,
tant que tu vaignes a mon pere ;
si li conte ceste avanture. »
Et li vaslez afiche, et jure   2248
que ja dire ne li ira,
ne ja més ne s'an partira
de ce chevalier, tant qu'il l'ait
adobé et chevalier fait ;   2252
mes il aut feire le message,
se il en a si grant corage.
A tant s'an vont tuit trois a masse,
tant qu'il pot estre none basse.   2256
Vers none, un home trové ont,
qui lor demande qui il sont ;
et il dïent : « Chevalier somes,
qui an noz afeires alomes. »   2260
Et li hom dit au chevalier :
« Sire, or voldroie herbergier
vos et voz conpaignons ansanble. »
A celui le dit, qui li sanble   2264
que des autres soit sire et mestre.
Et il li dit : « Ne porroit estre
que je herberjasse a ceste ore ;

car malvés est qui se demore   2268
ne qui a eise se repose
puis qu'il a enprise tel chose ;
et je ai tel afeire anpris
qu'a piece n'iert mes ostex pris. »   2272
Et li hom li redit aprés :
« Mes ostex n'est mie ci pres,
einz est grant piece ça avant.
venir i poëz par covant   2276
que a droite ore ostel prendroiz,
que tart iert quant vos i vendroiz.
— Et je, fet il, i irai donques. »
A la voie se met adonques   2280
li hom devant, qui les an mainne,
et cil aprés la voie plainne.
Et quant il ont grant piece alé,   [35 c]
s'ont un escuier ancontré,   2284
qui venoit trestot le chemin
les granz galoz sor un roncin
gras et reont com une pome.
Et li escuiers dit a l'ome :   2288
« Sire, sire, venez plus tost,
car cil de Logres sont a ost
venu sor ces de ceste terre,
s'ont ja comanciee la guerre   2292
et la tançon et la meslee ;
et dïent qu'an ceste contree
s'est uns chevaliers anbatuz,
qui an mainz leus s'est conbatus,   2296
n'en ne li puet contretenir
passage, ou il vuelle venir,
que il n'i past, cui qu'il enuit.
Ce dïent an cest païs tuit   2300

que il les deliverra toz
et metra les noz au desoz.
Or si vos hastez, par mon los. »
Lors se met li hom es galos,   2304
et cil an sont molt esjoï,
qui autresi l'orent oï,
car il voldront eidier as lor.
Et dit li filz au vavasor :   2308
« Sire, oez que dit cist sergenz.
Alons, si eidons a noz genz
qui sont meslé a ces de la. »
Et li hom tot adés s'an va,   2312
qu'il nes atant, ençois s'adrece
molt tost vers une forterece
qui sor un tertre estoit fermee,
et cort tant qu'il vient a l'entree,   2316
et cil aprés a esperon.
Li bailes estoit an viron
clos de haut mur et de fossé.
Tantost qu'il furent anz antré,   2320
si lor lessierent avaler,
qu'il ne s'an poïssent raler,
une porte aprés les talons.
Et cil dient : « Alons, alons,   2324
que ci n'aresterons nos pas »,
aprés l'ome plus que le pas
tant que il vienent a l'issue   [36 a]
qui ne lor fu pas desfandue ;   2328
mes maintenant qu'il furent fors
lor lessierent aprés les cors
cheoir une porte colant.
Et cil an furent molt dolant   2332
quant dedanz anfermé se voient

car il cuident qu'anchanté soient ;
mes cil don plus dire vos doi
avoit un anel an son doi   2336
don la pierre tel force avoit
qu'anchantemanz ne le pooit
tenir, puis qu'il l'avoit veüe.
L'anel met devant sa veüe,   2340
s'esgarde la pierre, et si dit :
« Dame, dame, se Dex m'aït,
or avroie je grant mestier
que vos me poïssiez eidier. »   2344
   Cele dame une fee estoit
qui l'anel doné li avoit,
et si le norri an s'anfance ;
s'avoit an li molt grant fïance   2348
que ele, an quel leu que il fust,
secorre et eidier li deüst ;
mes il voit bien a son apel
et a la pierre de l'anel,   2352
qu'il n'i a point d'anchantemant,
et set trestot certainnemant
qu'il sont anclos et anserré.
Lors vienent a un huis barré   2356
d'une posterne estroite et basse.
Les espees traient a masse ;
si fiert tant chascuns de s'espee
qu'il orent la barre colpee.   2360
Quant il furent defors la tor
et comancié voient l'estor,
a val les prez, molt grant et fier,
et furent bien mil chevalier   2364
que d'une part que d'autre au mains
estre la jaude des vilains.

Quant il vindrent a val les prez,
come sages et atremprez   2368
li filz au vavasor parla :
« Sire, einz que nos vaigniemes la,
ferïemes, ce cuit, savoir   [36 b]
qui iroit anquerre et savoir   2372
de quel part les noz genz se tienent.
Je ne sai de quel part il vienent,
mes g'i irai, se vos volez.
— Jel voel, fet il, tost i alez,   2376
et tost revenir vos covient. »
Il i va tost, et tost revient,
et dit : « Molt nos est bien cheü,
que j'ai certainnemant veü   2380
que ce sont li nostre de ça. »
Et li chevaliers s'adreça
vers la meslee maintenant ;
s'ancontre un chevalier venant   2384
et joste a lui, sel fiert si fort
par mi l'uel que il l'abat mort.
Et li vaslez a pié descent,
le cheval au chevalier prent   2388
et les armes que il avoit
si s'an arme bel et adroit.
Quant armez fu, sanz demorance,
monte et prant l'escu et la lance   2392
qui estoit granz et roide et peinte ;
au costé ot l'espee ceinte
tranchant et flanbeant et clere.
An l'estor est aprés son frere   2396
et aprés son seignor venuz,
qui molt bien s'i est maintenuz
an la meslee une grant piece,

qu'il ront et fant et si depiece   2400
escuz et lances et haubers.
Nes garantist ne fuz ne fers,
cui il ataint, qu'il ne l'afolt
ou morz jus del cheval ne volt.   2404
Il seus si tres bien le feisoit
que trestoz les desconfisoit,
et cil molt bien le refeisoient,
qui avoec lui venu estoient.   2408
Mes cil de Logres s'en mervoillent,
qu'il nel conuissent, et consoillent
de lui au fil au vavasor.
Tant an demandent li plusor   2412
qu'an lor dist : « Seignor, ce est cil
qui nos gitera toz d'essil
et de la grant maleürté   [36 c]
ou nos avons lonc tans esté ;   2416
se li devons grant enor feire
quant, por nos fors de prison treire,
a tant perilleus leus passez
et passera ancor assez ;   2420
molt a a feire et molt a fait. »
N'i a celui joie n'en ait,
quant la novele est tant alee
que ele fu a toz contee ;   2424
tuit l'oïrent et tuit la sorent.
De la joie que il en orent
lors croist force, et s'an esvertüent
tant, que mainz des autres an tüent,   2428
et plus les mainnent leidemant
por le bien feire seulemant
d'un seul chevalier, ce me sanble,
que por toz les autres ansanble.   2432

Et s'il ne fust si pres de nuit,
desconfit s'an alassent tuit ;
mes la nuiz si oscure vint
que departir les an covint.   2436
  Au departir, tuit li cheitif
autresi come par estrif,
en viron le chevalier vindrent,
de totes parz au frain le pristrent,   2440
si li ancomancent a dire :
« Bien veignanz soiez vos, biax sire. »
Et dit chascuns : « Sire, par foi,
vos vos herbergeroiz o moi ;   2444
sire, por Deu et por son non,
ne herbergiez se o moi non. »
Tuit dïent ce que dit li uns,
que herbergier le vialt chascuns   2448
ausi li juenes con li vialz,
et dit chascuns : « Vos seroiz mialz
el mien ostel que an l'autrui. »
Ce dit chascuns androit de lui ;   2452
et li uns a l'autre le tost,
si con chascuns avoir le vost,
et par po qu'il ne s'an conbatent.
Et il lor dit qu'il se debatent   2456
de grant oiseuse et de folie :
« Lessiez, fet il, ceste anreidie,
qu'il n'a mestier n'a moi n'a vos.   [36 a]
Noise n'est pas boene antre nos,   2460
einz devroit li uns l'autre eidier.
Ne vos covient mie pleidier
de moi herbergier par tançon,
einz devez estre an cusançon   2464
de moi herbergier an tel leu,

por ce que tuit i aiez preu,
que je soie an ma droite voie. »
Ancor dit chascuns tote voie :   2468
« C'est a mon ostel. — Mes au mien.
— Ne dites mie ancore bien,
fet li chevaliers ; a mon los,
li plus sages de vos est fos   2472
de ce don ge vos oi tancier.
Vos me devrïez avancier,
et vos me volez feire tordre,
Se vos m'avïez tuit en ordre   2476
li uns aprés l'autre a devise
fet tant d'enor et de servise
com an porroit feire a un home,
par toz les sainz qu'an prie a Rome,   2480
ja plus boen gré ne l'en savroie,
quant la bonté prise en avroie,
que je faz de la volanté.
Se Dex me doint joie et santé,   2484
la volantez autant me haite
con se chascuns m'avoit ja faite
molt grant enor et grant bonté ;
si soit an leu de fet conté. »   2488
Ensi les vaint toz et apeise ;
chiés un chevalier molt a eise
el chemin a ostel l'en mainnent,
et de lui servir tuit se painnent.   2492
Trestuit l'enorent et servirent
et molt tres grant joie li firent
tote la nuit jusqu'au couchier ;
car il l'avoient tuit molt chier.   2496
Le main, quant vint au dessevrer
vost chascuns avoec lui aler,

chascuns se poroffre et presante ;
mes lui ne plest ne n'atalante   2500
que nus hom s'an voist avoec lui,
fors que tant solemant li dui
que il avoit la amenez ;   [36 *b*]
ces, sanz plus, en avoit menez.   2504
Cel jor ont des la matinee
chevalchié tres qu'a la vespree,
qu'il ne troverent aventure.
Chevalchant molt grant aleüre,   2508
d'une forest molt tart issirent ;
a l'issir une meison virent
a un chevalier, et sa fame,
qui sanbloit estre boene dame,   2512
virent a la porte seoir.
Tantost qu'ele les pot veoir
s'est contre aus an estant dreciee ;
a chiere molt joiant et liee   2516
les salue, et dit : « Bien vaingniez ;
mon ostel voel que vos praigniez ;
herbergiez estes, descendez.
— Dame, quant vos le comandez,   2520
vostre merci, nos descendrons ;
vostre ostel enuit mes prendrons. »
Il descendent ; et au descendre,
la dame fet les chevax prendre,   2524
qu'ele avoit mesniee molt bele.
Ses filz et ses filles apele,
et il vindrent tot maintenant,
vaslet cortois et avenant   2528
et chevalier et filles beles.
As uns comande oster les seles
des chevax, et bien conreer.

N'i a celui qui l'ost veher,   2532
einz le firent molt volentiers.
Desarmer fet les chevaliers ;
au desarmer les filles saillent ;
desarmé sont, puis si lor baillent   2536
a afubler deus corz mantiax.
A l'ostel, qui molt estoit biax,
les an mainnent eneslepas.
Mes li sires n'i estoit pas,   2540
einz ert en bois, et avoec lui
estoient de ses filz li dui ;
mes il vint lués, et sa mesniee
qui molt estoit bien anresniee   2544
saut contre lui defors la porte.
La veneison que il aporte
destrossent molt tost et deslïent   [36 c]
et si li recontent et dïent :   2548
« Sire, sire, vos ne savez,
deus ostes chevaliers avez.
— Dex an soit aorez », fet il.
Li chevaliers et si dui fil   2552
font de lor oste molt grant joie ;
et la mesniee n'est pas coie
que toz li miaudres s'aprestoit
de feire ce que feire estoit :   2556
cil corent le mangier haster,
cil les chandoiles alumer ;
si les alument et espranent ;
la toaille et les bacins pranent   2560
si donent l'eve as mains laver :
de ce ne sont il mie aver ;
tuit levent, si vont asseoir.
Riens qu'an poïst leanz veoir   2564

n'estoit charjable ne pesanz.
Au premier mes vint uns presanz
d'un chevalier a l'uis defors,
plus orguelleus que n'est uns tors,   2568
que c'est molt orguilleuse beste.
Cil des les piez jusqu'a la teste
sist toz armez, sor son destrier.
De l'une janbe an son estrier   2572
fu afichiez, et l'autre ot mise
par contenance et par cointise
sor le col del destrier crenu.
Estes le vos ensi venu   2576
c'onques nus garde ne s'an prist,
tant qu'il vint devant aus et dist :
« Li quex est ce, savoir le vuel,
qui tant a folie et orguel,   2580
et de cervel la teste vuide,
qu'an cest païs vient, et si cuide
au Pont de l'Espee passer ?
Por neant s'est venuz lasser,   2584
por neant a ses pas perduz. »
Et cil, qui ne fu esperduz,
molt seüremant li respont :
« Je sui qui vuel passer au Pont.   2588
— Tu ? Tu ? Comant l'osas panser ?
Einz te deüsses apanser,
que tu anpreïsses tel chose,   [37 a]
a quel fin et a quel parclose   2592
tu an porroies parvenir,
si te deüst resovenir
de la charrete ou tu montas.
Ce ne sai ge se tu honte as   2596
de ce que tu i fus montez ;

mes ja nus qui fust bien senez
n'eüst si grant afaire anpris
s'il de cest blasme fust repris. »   2600
A ce que cil dire li ot
ne li daigne respondre un mot ;
mes li sires de la meison
et tuit li autre par reison   2604
s'an mervoillent a desmesure :
« Ha Dex ! con grant mesavanture ! »
fet chascuns d'ax a lui meïsmes :
« l'ore que charrete fu primes   2608
pansee et feite soit maudite ;
car molt est vix chose et despite.
Ha, Dex ! de coi fu il retez ?
Et por coi fu il charretez ?   2612
Por quel pechié ? Por quel forfet ?
Ce li ert mes toz jorz retret.
S'il fust de cest reproche mondes,
an tant con dure toz li mondes,   2616
ne fust uns chevaliers trovez,
tant soit de proesce esprovez,
qui cest chevalier resanblast ;
et qui trestoz les assanblast   2620
si bel ne si gent n'i veïst,
por ce que le voir an deïst. »
Ce disoient comunemant.
Et cil molt orguilleusemant   2624
sa parole recomança
et dist : « Chevaliers, antant ça,
qui au Pont de l'Espee an vas :
se tu viax, l'eve passeras   2628
molt legieremant et soëf.
Je te ferai an une nef

molt tost oltre l'eve nagier.
Mes se je te vuel paagier,   2632
quant de l'autre part te tandrai,
se je vuel, la teste an prandrai,
ou ce non, an ma merci iert. »   [37 b]
Et cil respont que il ne quiert   2636
avoir mie desavanture ;
ja sa teste an ceste avanture
n'iert mise por nes un meschief.
Et cil li respont de rechief :   2640
« Des que tu ce feire ne viax,
cui soit la honte ne li diax,
venir te covendra ça fors
a moi conbatre cors a cors. »   2644
Et cil dit por lui amuser :
« Se jel pooie refuser,
molt volantiers m'an sofferoie ;
mes ainçois voir me conbatroie   2648
que noauz feire m'esteüst. »
Einçois que il se remeüst
de la table ou il se seoient,
dist as vaslez qui le servoient   2652
que sa sele tost li meïssent
sor son cheval, et si preïssent
ses armes, ses li aportassent.
Et cil del tost feire se lassent ;   2656
li un de lui armer se painnent,
li autre son cheval amainnent ;
et, sachiez, ne resanbloit pas,
si com il s'an aloit le pas,   2660
armez de trestotes ses armes,
et tint l'escu par les enarmes
et fu sor son cheval montez,

qu'il deüst estre mescontez   2664
n'antre les biax n'antre les buens.
Bien sanble qu'il doie estre suens
li chevax, tant li avenoit,
et li escuz que il tenoit   2668
par les enarmes anbracié ;
si ot un hiaume el chief lacié
qui tant i estoit bien assis
que il ne vos fust mie avis   2672
qu'anprunté n'acreü l'eüst ;
einz deïssiez, tant vos pleüst,
qu'il fu ensi nez et creüz ;
de ce voldroie estre creüz.   2676

Fors de la porte, an une lande,
est cil qui la joste demande,
ou la bataille estre devoit.   [37 c]
Tantost con li uns l'autre voit,   2680
point li uns vers l'autre a bandon,
si s'antrevienent de randon,
et des lances tex cos se donent
que eles ploient et arçonent   2684
et anbedeus an pieces volent ;
as espees les escuz dolent
et les hiaumes et les haubers ;
tranchent les fuz, ronpent les fers   2688
si que an plusors leus se plaient ;
par ire tex cos s'antrepaient
con s'il fussent fet a covant ;
mes les espees molt sovant   2692
jusqu'as cropes des chevax colent :
del sanc s'aboivrent et saolent
que jusque es flans les anbatent,
si que andeus morz les abatent.   2696

Et quant il sont cheü a terre,
li uns vet l'autre a pié requerre ;
et s'il de mort s'antrehaïssent,
ja por voir ne s'antranvaïssent   2700
as espees plus cruelmant.
Plus se fierent menüemant
que cil qui met deniers an mine,
qui de joer onques ne fine   2704
a totes failles deus et deus ;
mes molt estoit autres cist jeus,
que il n'i avoit nule faille,
mes cos et molt fiere bataille,   2708
molt felenesse et molt cruel.
Tuit furent issu de l'ostel :
sires, dame, filles et fil,
qu'il n'i remest cele ne cil,   2712
ne li privé ne li estrange,
ainçois estoient tuit an range
venu por veoir la meslee
an la lande qui molt fu lee.   2716
Li chevaliers a la charrete
de malvestié se blasme et rete
quant son oste voit qui l'esgarde ;
et des autres se reprant garde   2720
qui l'esgardoient tuit ansanble ;
d'ire trestoz li cors li tranble ;
qu'il deüst, ce li est avis   [37 a]
avoir molt grant pieç'a conquis   2724
celui qui a lui se conbat.
Lors le fiert, si qu'il li anbat
l'espee molt pres de la teste ;
si l'anvaïst come tanpeste,   2728
car il l'anchauce, si l'argüe

tant que place li a tolue ;
se li tost terre et si le mainne
tant que bien pres li faut l'alainne,   2732
s'a an lui molt po de desfanse.
Et lors li chevaliers s'apanse
que il li avoit molt vilmant
la charrete mise devant.   2736
Si li passe et tel le conroie
qu'il n'i remaint laz ne corroie
qu'il ne ronpe antor le coler ;
si li fet le hiaume voler   2740
del chief, et cheoir la vantaille ;
tant le painne, et tant le travaille
que a merci venir l'estuet,
come l'aloe qui ne puet   2744
devant l'esmerillon durer,
ne ne s'a ou aseürer
puis que il la passe et sormonte ;
ausi cil, a tote sa honte,   2748
li vet requerre et demander
merci, qu'il nel puet amander.
Et quant il ot que cil requiert
merci, si nel toche ne fiert,   2752
einz dit : « Viax tu merci avoir ?
— Molt avez or dit grant savoir,
fet cil, ce devroit dire fos ;
onques rien nule tant ne vos   2756
con je faz merci or androit. »
Et cil dit : « Il te covandroit
sor une charrete monter ;
a neant porroies conter   2760
quan que tu dire me savroies,
s'an la charrete ne montoies

por ce que tant fole boche as
que vilmant la me reprochas. »   2764
Et li chevaliers li respont :
« Ja Deu ne place que g'i mont.
— Non ? fet cil, et vos i morroiz.   [37 *b*]
— Sire, bien feire le porroiz,   2768
mes, por Deu, vos quier et demant
merci, fors que tant seulemant
qu'an charrete monter ne doive.
Nus plez n'est que je n'an reçoive   2772
fors cestui, tant soit grief ne forz.
Mialz voldroie estre, je cuit, morz
que fet eüsse cest meschief.
Ja nule autre chose si grief   2776
ne me diroiz, que je ne face,
por merci et por vostre grace. »
    Que que cil merci li demande,
a tant ez vos, par mi la lande,   2780
une pucele l'anbleüre
venir sor une fauve mure,
desafublee et deslïee ;
et si tenoit une corgiee   2784
don la mule feroit grant cos,
et nus chevax les granz galos,
por verité, si tost n'alast
que la mule plus tost n'anblast.   2788
Au chevalier de la charrete
dist la pucele : « Dex te mete,
chevaliers, joie el cuer parfite,
de la rien qui plus te delite. »   2792
Cil qui volantiers l'ot oïe
li respont : « Dex vos beneïe,
pucele, et doint joie et santé

Lors dist cele sa volanté :   2796
« Chevaliers, fet ele, de loing
sui ça venue a grant besoing
a toi, por demander un don
en merite et an guerredon   2800
si grant con ge te porrai feire ;
et tu avras encor a feire
de m'aïde, si con je croi. »
Et cil li respont : « Dites moi   2804
que vos volez, et, se je l'ai,
avoir le porroiz sanz delai,
mes que ne soit chose trop griés. »
Et cele dit : « Ce est li chiés   2808
de cest chevalier que tu as
conquis ; et, voir, einz ne trovas
si felon ne si desleal.   [37 c]
Ja ne feras pechié ne mal,   2812
einçois feras aumosne et bien,
que c'est la plus desleax rien
qui onques fust ne ja mes soit. »
Et quant cil qui vaincuz estoit   2816
ot qu'ele vialt que il l'ocie,
si li dist : « Ne la creez mie,
qu'ele me het ; mes je vos pri
que vos aiez de moi merci   2820
por ce Deu qui est filz et pere
et qui de celi fist sa mere
qui estoit sa fille et s'ancele.
— Ha ! chevaliers, fet la pucele,   2824
ne croire pas ce traïtor.
Que Dex te doint joie et enor
si grant con tu puez covoitier,
et si te doint bien esploitier   2828

de ce que tu as entrepris. »
Or est li chevaliers si pris
qu'el panser demore et areste,
savoir s'il an donra la teste   2832
celi qui la rueve tranchïer,
ou s'il avra celui tant chier
qu'il li praigne pitïez de lui.
Et a cesti, et a celui   2836
viaut feire ce qu'il li demandent :
largece et pitïez li comandent
que lor boen face a enbedeus,
qu'il estoit larges et piteüs.   2840
Mes se cele la teste an porte,
donc iert pitïez vaincue et morte ;
et s'ele ne l'an porte quite,
donc iert largece desconfite.   2844
An tel prison, an tel destrece
le tienent pitïez et largece,
que chascune l'angoisse et point.
La teste vialt que il li doint   2848
la pucele qui li demande ;
et d'autre part li recomande
sor pitié et sor sa franchise.
Et des que il li a requise   2852
merci, donc ne l'avra il donques ?
Oïl, ce ne li avint onques
que nus, tant fust ses anemis,   [38 a]
des que il l'ot au desoz mis   2856
et merci crïer li covint,
onques ancor ne li avint
c'une foiz merci li veast,
mes au sorplus ja ne baast.   2860
Donc ne la vehera il mie

cestui qui li requiert et prie
des que ensi feire le vialt.
Et cele qui la teste vialt,   2864
avra la ele ? Oïl, s'il puet.
« Chevaliers, fet il, il t'estuet
conbatre de rechief a moi,
et tel merci avrai de toi,   2868
se tu viax ta teste desfandre.
que je te lesserai reprendre
ton hiaume et armer de rechief.
a leisir ton cors et ton chief   2872
a tot le mialz que tu porras.
Mes saches que tu i morras
se je autre foiz te conquier. »
Et cil respont : « Ja mialz ne quier,   2876
n'autre merci ne te demant.
— Et ancor assez t'i amant,
fet cil, que je me conbatrai
a toi que ja ne me movrai   2880
d'ensi con ge sui ci elués. »
Cil s'atorne et revienent lués
a la bataille com angrés ;
mes plus le reconquist aprés   2884
li chevaliers delivremant
qu'il n'avoit fet premieremant.
Et la pucele eneslepas
crie : « Ne l'espargnier tu pas,   2888
chevaliers, por rien qu'il te die,
certes qu'il ne t'espargnast mie
s'il t'eüst conquis une foiz.
Bien saches tu, se tu le croiz,   289
il t'angignera de rechief.
Tranche au plus desleal le chief

de l'empire et de la corone,
frans chevaliers, si le me done.   2896
Por ce le me doiz bien doner
que jel te cuit guerredonner,
molt bien ancor tex jorz sera ;   [38 b]
s'il puet, il te rangignera   2900
de sa parole autre foiee. »
Cil qui voit sa mort aprochiee
li crie merci molt an haut ;
mes ses crïers rien ne li vaut,   2904
ne chose que dire li sache ;
que cil par le hiaume le sache,
si que trestoz les laz an tranche :
la vantaille et la coiffe blanche   2908
li abat de la teste jus.
Et cil se haste, ne puet plus :
« Merci, por Deu ! Merci, vassax. »
Cil respont : « Se je soie sax,   2912
ja més de toi n'avrai pitié,
puis c'une foiz t'ai respitié.
— Ha ! fet il, pechié ferïez
se m'anemie creïez,   2916
de moi an tel meniere ocirre. »
Et cele qui sa mort desirre
de l'autre part li amoneste
qu'isnelemant li trant la teste,   2920
ne plus ne croie sa parole.
Cil fiert et la teste li vole
en mi la lande et li cors chiet ;
a la pucele plaist et siet.   2924
Li chevaliers la teste prant
par les chevox, et si la tant
a celi qui grant joie an fait

et dit : « Tes cuers si grant joie ait   2928
de la rien que il plus voldroit,
con li miens cuers a or androit
de la rien que je plus haoie.
De nule rien ne me doloie   2932
fors de ce que il vivoit tant.
Uns guerredons de moi t'atant
qui molt te vanra an boen leu.
An cest servise avras grant preu,   2936
que tu m'as fet, ce t'acreant.
Or m'an irai, si te comant
a Deu, qui d'anconbrier te gart. »
Tantost la pucele s'an part,   2940
et li uns l'autre a Deu comande.
Mes a toz ces qui an la lande
orent la bataille veüe,   [38 c]
an est molt grant joie creüe ;   2944
si desarment tot maintenant
le chevalier, joie menant,
si l'enorent de quan qu'il sevent.
Tot maintenant lor mains relevent,   2948
qu'al mangier asseoir voloient ;
or sont plus lié qu'il ne soloient,
si manjüent molt lieemant.
Quant mangié orent longuemant,   2952
li vavasors dist a son oste
qui delez lui seoit an coste :
« Sire, nos venimes pieç'a
del rëaume de Logres ça.   2956
Né an somes, si voudrïens
qu'annors vos venist et granz biens
et joie an cest païs, que nos
i avrïens preu avoec vos,   2960

et au moins autrui preuz seroit,
s'enors et biens vos avenoit
an cest païs, an ceste voie. »
Et cil respont : « Dex vos en oie. »   2964
   Quant li vavasors ot lessiee
sa parole et l'ot abessiee,
si l'a uns de ses filz reprise
et dist : « Sire, an vostre servise   2968
devrïens toz noz pooirs metre
et doner einçois que prometre ;
boen mestier avrïez del prendre,
nos ne devrïens mie atendre   2972
tant que vos le demandesiez.
Sire, ja ne vos esmaiez
de vostre cheval, s'il est morz ;
car ceanz a chevax bien forz ;   2976
tant voel que vos aiez del nostre :
tot le meillor, an leu del vostre,
en manroiz, bien vos est mestiers. »
Et cil respont : « Molt volantiers. »   2980
A tant font les liz atorner,
si se couchent. A l'anjorner
lievent matin, et si s'atornent.
Atorné sont, puis si s'an tornent.   2984
Au departir rien ne mesprant :
a la dame et au seignor prant,
et a toz les autres, congié.   [38 *a*]
Mes une chose vos cont gié   2988
por ce que rien ne vos trespas,
que li chevaliers ne volt pas
monter sor le cheval presté
qu'an li ot a l'uis presanté ;   2992
einz i fist, ce vos voel conter,

un des deus chevaliers monter
qui venu erent avoec lui.
Et il sor le cheval celui   2996
monte, qu'ainsi li plot et sist.
Quant chascuns sor son cheval sist,
si s'acheminerent tuit troi
par le congié et par l'otroi   3000
lor oste, qui serviz les ot
et enorez de quan qu'il pot.
Le droit chemin vont cheminant
tant que li jorz vet declinant,   3004
et vienent au Pont de l'Espee
aprés none vers la vespree.
Au pié del pont, qui molt est max,
sont descendu de lor chevax,   3008
et voient l'eve felenesse,
noire et bruiant, roide et espesse,
tant leide et tant espoantable
con se fust li fluns au deable,   3012
et tant perilleuse et parfonde
qu'il n'est riens nule an tot le monde,
s'ele i cheoit, ne fust alee
ausi com an la mer betee.   3016
Et li ponz qui est an travers
estoit de toz autres divers ;
qu'ainz tex ne fu ne ja mes n'iert.
Einz ne fu, qui voir m'an requiert,   3020
si max ponz ne si male planche :
d'une espee forbie et blanche
estoit li ponz sor l'eve froide ;
mes l'espee estoit forz et roide,   3024
et avoit deus lances de lonc.
De chasque part ot un grant tronc,

ou l'espee estoit closfichiee.
Ja nus ne dot que il i chiee   3028
por ce que ele brist ne ploit ;
si ne sanble il pas, qui la voit,
qu'ele puisse grant fes porter.   [38 *b*]
Ce feisoit molt desconforter   3032
les deus chevaliers qui estoient
avoec le tierz, que il cuidoient
que dui lÿon ou dui liepart
au chief del pont de l'autre part   3036
fussent lïé a un perron.
L'eve et li ponz et li lÿon
les metent an itel freor
que il tranblent tuit de peor   3040
et dïent : « Sire, car creez
consoil de ce que vos veez,
qu'il vos est mestiers et besoinz.
Malveisemant est fez et joinz   3044
cist ponz, et mal fu charpantez.
S'a tant ne vos an retornez,
au repantir vanroiz a tart.
Il covient feire par esgart   3048
de tex choses i a assez.
Or soit c'outre soiez passez :
ne por rien ne puet avenir,
ne que les vanz poez tenir   3052
ne desfandre qu'il ne vantassent,
et as oisiax qu'il ne chantassent
ne qu'il n'osassent mes chanter,
ne que li hom porroit antrer   3056
el vantre sa mere et renestre ;
mes ce seroit qui ne puet estre,
ne qu'an porroit la mer voidier.

Poez vos savoir et cuidier   3060
que cil dui lÿon forsené,
qui de la sont anchaené,
que il ne vos tüent et sucent
le sanc des voinnes, et manjucent   3064
la char, et puis rungent les os ?
Molt sui hardiz, quant je les os
veoir, et quant je les esgart.
Se de vos ne prenez regart,   3068
il vos ocirront, ce sachiez ;
molt tost ronpuz et arachiez
les manbres del cors vos avront,
que merci avoir n'an savront.   3072
Mes or aiez pitié de vos,
si remenez ansanble nos.
De vos meïsmes avroiz tort   [38 c]
s'an si certain peril de mort   3076
vos meteiez a escïant. »
Et cil lor respont an rïant :
« Seignor, fet il, granz grez aiez
quant por moi si vos esmaiez ;   3080
d'amor vos vient et de franchise.
Bien sai que vos an nule guise
ne voldrïez ma mescheance ;
mes j'ai tel foi et tel creance   3084
an Deu qu'il me garra par tot :
cest pont ne ceste eve ne dot
ne plus que ceste terre dure,
einz me voel metre en aventure   3088
de passer outre et atorner.
Mialz voel morir que retorner. »
Cil ne li sevent plus que dire,
mes de pitié plore et sopire   3092

li uns et li autres molt fort.
Et cil de trespasser le gort
au mialz que il set s'aparoille,
et fet molt estrange mervoille,   3096
que ses piez desarme, et ses mains :
n'iert mie toz antiers ne sains,
quant de l'autre part iert venus ;
Bien s'iert sor l'espee tenuz,   3100
qui plus estoit tranchanz que fauz,
as mains nues et si deschauz
que il ne s'est lessiez an pié
souler, ne chauce, n'avanpié.   3104
De ce gueres ne s'esmaioit,
s'es mains et es piez se plaioit ;
mialz se voloit il mahaignier
que cheoir el pont et baignier   3108
an l'eve don ja mes n'issist.
A la grant dolor c'on li fist
s'an passe outre et a grant destrece ;
mains et genolz et piez se blece,   3112
mes tot le rasoage et sainne
Amors qui le conduist et mainne,
si li estoit a sofrir dolz.
A mains, a piez et a genolz   3116
fet tant que de l'autre part vient.
Lors li remanbre et resovient
des deux lÿons qu'il i cuidoit   [39 a]
avoir veüz quant il estoit   3120
de l'autre part ; lors s'i esgarde :
n'i avoit nes une leisarde,
ne rien nule qui mal li face.
Il met sa main devant sa face,   3124
s'esgarde son anel et prueve,

quant nul des deus lÿons n'i trueve
qu'il i cuidoit avoir veüz,
si cuida estre deceüz ;   3128
mes il n'i avoit rien qui vive.
Et cil qui sont a l'autre rive,
de ce qu'ainsi passé le voient
font tel joie com il devoient ;   3132
mes ne sevent pas son mehaing.
Et cil le tint a grant guehaing
quant il n'i a plus mal soffert.
Le sanc jus de ses plaies tert   3136
a sa chemise tot antor ;
et voit devant lui une tor
si fort c'onques de sa veüe
n'avoit nule si fort veüe ;   3140
la torz miaudre ne pooit estre.
Apoiez a une fenestre
s'estoit li rois Bademaguz,
qui molt ert soutix et aguz   3144
a tote enor et a tot bien,
et lëauté sor tote rien
voloit par tot garder et faire ;
et ses filz, qui tot le contraire   3148
a son pooir toz jorz feisoit,
car deslëautez li pleisoit,
n'onques de feire vilenie
et traïson et felenie   3152
ne fu lassez ne enuiez,
s'estoit delez lui apoiez ;
s'orent veü des la a mont
le chevalier passer le pont   3156
a grant poinne et a grant dolor.
D'ire, et de mautalant, color

en a Meleaganz changiee ;
bien set c'or li ert chalongiee   3160
la reïne ; mes il estoit
tex chevaliers qu'il ne dotoit
nul home, tant fust forz ne fiers.   [39 b]
Nus ne fust miaudres chevaliers,   3164
se fel et deslëaus ne fust ;
mes il avoit un cuer de fust
tot sanz dolçor et sanz pitié.
Ce fet le roi joiant et lié,   3168
don ses filz molt grant duel avoit.
Li rois certeinnemant savoit
que cil qui ert au pont passez
estoit miaudres que nus assez ;   3172
que ja nus passer n'i osast,
a cui dedanz soi reposast
malvestiez qui fet honte as suens
plus que proesce enor as suens.   3176
Donc ne puet mie tant proesce
con fet malvestiez et peresce,
car voirs est, n'an dotez de rien,
qu'an puet plus feire mal que bien   3180
   De ces deus choses vos deïsse
molt, se demore n'i feïsse ;
mes a autre chose m'ator,
qu'a ma matiere m'an retor,   3184
s'orroiz comant tient a escole
li rois son fil qu'il aparole :
« Filz, fet il, avanture fu
quant ci venimes, gié et tu,   3188
a ceste fenestre apoier,
s'an avons eü tel loier
que nos avons apertemant

veü le plus grant hardemant   3192
qui onques fust mes nes pansez.
Or me di se boen gré ne sez
celui qui tel mervoille a feite.
Car t'acorde a lui et afeite,   3196
si li rant quite la reïne.
Ja n'avras preu an l'ateïne,
einz i puez avoir grant domage.
Car te fai or tenir por sage   3200
et por cortois, si li anvoie
la reïne einçois qu'il te voie.
Fei lui tel enor an ta terre,
que ce que il est venuz querre   3204
li done ainz qu'il le te demant.
Car tu sez bien certainnemant
qu'il quiert la reïne Ganievre.   [39 c]
Ne te fai tenir por anrievre,   3208
ne por fol, ne por orguilleus.
Se cist est an ta terre seus,
se li doiz conpaignie feire ;
que prodom doit prodome atreire   3212
et enorer et losangier,
nel doit pas de lui estrangier.
Qui fet enor, l'anors est soe :
bien saches que l'enors iert toe   3216
se tu fez enor et servise
a cestui qui est a devise
li miaudres chevaliers del monde. »
Cil respont : « Que Dex le confonde,   3220
s'ausins boen ou meillor n'i a. »
Mal fist quant lui i oblia,
qu'il ne se prise mie mains.
Et dit : « Joinz piez et jointes mains,   3224

volez espoir que je devaigne
ses hom et de lui terre taigne ?
Si m'aïst Dex, ainz devandroie
ses hom, que je ne li randroie.   3228
Ja certes n'iert par moi randue,
mes contredite et desfandue
vers toz ces qui si fol seront
que venir querre l'oseront. »   3232
Lors de rechief li dit li rois :
« Filz, molt feroies que cortois
se ceste anreidie lessoies.
Je te lo et pri qu'an pes soies.   3236
Ce sez tu bien que hontes iert
au chevalier, s'il ne conquiert
vers toi la reïne an bataille.
Il la doit mialz avoir, sanz faille,   3240
par bataille que par bonté,
por ce qu'a pris li ert conté :
Mien escïant, il n'anquiert point
por ce que l'an an pes li doint,   3244
einz la vialt par bataille avoir.
Por ce feroies tu savoir
se la bataille li toloies.
Je te lo et pri qu'an pes soies ;   3248
et se tu mon consoil despis,
moins m'an sera, s'il t'an est pis
et granz max avenir t'an puet ;   [39 *a*]
que rien au chevalier n'estuet   3252
doter, fors que seulemant toi.
De toz mes homes et de moi
li doing trives et seürté ;
onques ne fis deslëauté,   3256
ne traïson, ne felenie,

ne je nel comancerai mie
por toi ne que por un estrange.
Ja ne t'an quier dire losange,   3260
einz promet bien au chevalier
qu'il n'avra ja de rien mestier,
d'armes ne de cheval, qu'il n'ait,
des qu'il tel hardemant a fait   3264
que il est jusque ci venuz.
Bien iert gardez et maintenuz
vers trestoz homes sauvemant
fors que vers toi tot seulemant.   3268
Et ce te voel je bien aprandre,
que s'il vers toi se puet desfandre,
il nel covient d'autrui doter.
— Assez me loist ore escoter,   3272
et vos diroiz vostre pleisir,
fet Meleaganz, et teisir,
mes po m'est de quan que vos dites ;
je ne sui mie si hermites,   3276
si prodon ne si charitables,
ne tant ne voel estre enorables
que la rien que plus aim li doingne.
N'iert mie feite sa besoigne   3280
si tost ne si delivremant,
einçois ira tot autremant
qu'antre vos et lui ne cuidiez.
Ja se contre moi li aidiez,   3284
por ce nel vos consantiromes ;
se de vos et de toz voz homes
a pes et trives, moi que chaut ?
onques por ce cuers ne me faut ;   3288
einz me plest molt, se Dex me gart,
que il n'ait fors de moi regart,

ne je ne vos quier por moi feire
rien nule, ou l'an puise retreire   3292
deslëauté ne traïson.
Tant con vos plest, soiez prodon,
et moi lessiez estre cruel.   [39 *b*]
— Comant ? N'an feroies tu el ?   3296
— Nenil, fet cil. — Et je m'an tes.
Or fez ton mialz, que je te les,
s'irai au chevalier parler :
offrir li voel et presanter   3300
m'aïde et mon consoil del tot,
car je me tieng a lui de bot. »
    Lors descendi li rois a val
et fet anseler son cheval.   3304
L'an li amainne un grant destrier,
et il i monte par l'estrier,
et mainne avoec lui de ses genz ;
trois chevaliers et deus sergenz,   3308
sanz plus, fet avoec lui aler.
Einz ne finerent d'avaler
tant que il vindrent vers la planche,
et voient celui qui estanche   3312
ses plaies, et le sanc en oste
Lonc tans le cuide avoir a oste
li rois por ses plaies garir,
mes a la mer feire tarir   3316
porroit autresi bien antendre.
Li rois se haste del descendre,
et cil qui molt estoit plaiez
s'est lors ancontre lui dreciez,   3320
non pas por ce qu'il le conoisse,
ne ne fet sanblant de l'angoisse
qu'il avoit es piez et es mains

ne plus que se il fust toz sains.   3324
Li rois le vit esvertüer,
si le cort molt tost salüer
et dit : « Sire, molt m'esbaïs
de ce que vos an cest païs   3328
vos estes anbatuz sor nos.
Mes bien veignanz i soiez vos,
que ja mes nus ce n'anprendra,
ne mes n'avint ne n'avandra   3332
que nus tel hardemant feïst
que an tel peril se meïst.
Et sachiez, molt vos en aim plus,
quant vos avez ce fet que nus   3336
n'osast panser antemes feire.
Molt me troveroiz deboneire
vers vos et leal et cortois.   [39 c]
Je sui de ceste terre rois,   3340
si vos offre tot a devise
tot mon consoil et mon servise ;
et je vois molt bien esperant
quel chose vos alez querant :   3344
la reïne, ce croi, querez.
— Sire, fet il, bien esperez ;
autres besoinz ça ne m'amainne.
— Amis, il i covendroit painne,   3348
fet li rois, ainz que vos l'aiez.
Et vos estes formant plaiez :
je voi les plaies et le sanc.
Ne troveroiz mie si franc   3352
celui qui ça l'a amenee,
qu'il la vos rande sanz meslee ;
mes il vos covient sejorner
et voz plaies feire sener   3356

tant qu'eles soient bien garies.
De l'oignemant as trois Maries
et de meillor, s'an le trovoit,
vos donrai ge, car molt covoit   3360
vostre aise et vostre garison.
La reïne a boene prison
que nus de char a li n'adoise,
neïs mes filz cui molt an poise,   3364
qui avoec lui ça l'amena :
onques hom si ne forssena
com il s'an forssene et anrage.
Et j'ai vers vos molt boen corage,   3368
si vos donrai, se Dex me saut,
molt volantiers quan qu'il vos faut.
Ja si boenes armes n'avra
mes filz, qui mal gré m'an savra,   3372
qu'altresi boenes ne vos doigne,
et cheval tel con vos besoigne.
Et si vos praing, cui qu'il enuit,
vers trestoz homes an conduit.   3376
Ja mar doteroiz de nelui,
fors que seulemant de celui
qui la reïne amena ça.
Onques hom si ne menaça   3380
autre, con ge l'ai menacié,
et par po je ne l'ai chacié
de ma terre par mautalant   [40 a]
por ce que il ne la vos rant ;   3384
s'est il mes filz : mes ne vos chaille,
se il ne vos vaint an bataille,
ja ne vos porra sor mon pois
d'enui faire vaillant un pois.   3388
— Sire, fet il, vostre merci !

Mes je gast trop le tans ici,
que perdre ne gaster ne vuel.
De nule chose ne me duel,   3392
ne je n'ai plaie qui me nuise.
Menez moi tant que je le truise,
car a tex armes con je port
sui prez c'or androit me deport   3396
a cos doner et a reprandre.
— Amis, mialz vos valdroit atandre
ou .xv. jorz ou trois semainnes,
tant que voz plaies fussent sainnes ;   3400
car boens vos seroit li sejorz
tot au moins jusqu'a .xv. jorz,
que je por rien ne sosferoie,
ne esgarder ne le porroie,   3404
qu'a tex armes n'a tel conroi
vos conbatessiez devant moi. »
Et cil respont : « S'il vos pleüst,
ja autres armes n'i eüst   3408
que volantiers a ces feïsse
la bataille, ne ne queïsse
qu'il i eüst, ne pas ne ore,
respit, ne terme, ne demore.   3412
Mes por vos ore tant ferai
que jusqu'a demain atendrai ;
et ja mar an parleroit nus,
que je ne l'atandroie plus. »   3416
Lors a li rois acreanté
qu'il iert tot a sa volanté,
puis le fet a ostel mener,
et prie et comande pener   3420
de lui servir ces qui l'en mainnent,
et il del tot an tot s'an painnent.

Et li rois, qui la pes queïst
molt volantiers, se il poïst,   3424
s'an vint de rechief a son fil,
si l'aparole come cil
qui volsist la pes et l'acorde ;   [40 b]
si li dit ; « Biax filz, car t'acorde   3428
a cest chevalier sanz conbatre ;
n'est pas ça venuz por esbatre,
ne por berser, ne por chacier,
einz est venuz por porchacier   3432
et son pris croistre et aloser,
s'eüst mestier de reposer
molt grant, si con je l'ai veü.
Se mon consoil eüst creü,   3436
de cest mois ne de l'autre aprés
ne fust de la bataille angrés
dom il est ja molt desirranz.
Se tu la reïne li ranz,   3440
criens an tu avoir desenor ?
De ce n'aies tu ja peor,
qu'il ne t'an puet blasmes venir ;
einz est pechiez del retenir   3444
chose ou an n'a reison ne droit.
La bataille tot or androit
eüst feite molt volantiers,
si n'a il mains ne piez antiers,   3448
einz les a fanduz et plaiez.
— De folie vos esmaiez,
fet Meleaganz a son pere ;
ja par la foi que doi saint Pere   3452
ne vos cresrai de cest afeire.
Certes, l'an me devroit detreire
a chevax, se je vos creoie.

S'il quiert s'anor, et je la moie,   3456
s'il quiert son pris, et je le mien,
et s'il vialt la bataille bien,
ancor la voel je plus cent tanz.
— Bien voi qu'a la folie antanz,   3460
fet li rois, si la troveras.
Demain ta force esproveras
au chevalier, quant tu le viax.
— Ja ne me vaigne plus granz diax,   3464
fet Meleaganz, de cestui !
Mialz volsisse qu'ele fust hui
assez que je ne faz demain.
Veez or con ge m'an demain   3468
plus matemant que ge ne suel.
Molt m'an sont or troblé li oel,
et molt en ai la chiere mate.   [40 c]
Ja mes tant que ge me conbate   3472
n'avrai joie ne bien ne eise,
ne m'avendra rien qui me pleise. »
    Li rois ot qu'an nule meniere
n'i valt rien consauz ne proiere,   3476
si l'a lessié tot mau gré suen,
et prant cheval molt fort et buen
et beles armes, ses anvoie
celui an cui bien les anploie.   3480
Iluec fu uns hom ancïens
qui molt estoit boens crestïens ;
el monde plus leal n'avoit,
et de plaies garir savoit   3484
plus que tuit cil de Montpellier.
Cil fist la nuit au chevalier
tant de bien con feire li sot ;
car li rois comandé li ot.   3488

Et ja savoient les noveles
li chevalier et les puceles
et les dames et li baron
de tot le païs an viron ;   3492
si vindrent d'une grant jornee
tot an viron, de la contree
et li estrange et li privé ;
tuit chevalchoient abrivé   3496
tote la nuit anjusqu'au jor,
D'uns et d'autres devant la tor
ot si grant presse a l'enjorner
qu'an n'i poïst son pié torner.   3500
Et li rois par matin se lieve,
cui de la bataille molt grieve ;
si vient a son fil de rechief,
qui ja avoit le hiaume el chief   3504
lacié, qui fu fez a Peitiers.
N'i puet estre li respitiers,
ne n'i puet estre la pes mise ;
se l'a li rois molt bien requise,   3508
mes ne puet estre qu'il la face.
Devant la tor, en mi la place,
ou tote la genz se fu treite,
la sera la bataille feite,   3512
que li rois le vialt et comande.
Le chevalier estrange mande
li rois molt tost, et l'an li mainne   [40 a]
an la place qui estoit plainne   3516
des genz del rëaume de Logres ;
ausi con por oïr les ogres
vont au mostier a feite anel,
a Pantecoste ou a Noël,   3520
les genz acostumeemant,

tot autresi comunemant
estoient la tuit aüné.
Trois jorz avoient geüné   3524
et alé nuz piez et an lenges
totes les puceles estrenges
del rëaume le roi Artu,
por ce que Dex force et vertu   3528
donast contre son aversaire
au chevalier, qui devoit faire
la bataille por les cheitis.
Et autresi cil del païs   3532
reprioient por lor seignor,
que Dex la victoire et l'enor
de la bataille li donast.
Bien main ainz que prime sonast   3536
les ot an endeus amenez
en mi la place toz armez
sor deus chevax de fer coverz.
Molt estoit genz et bien aperz   3540
Melïaganz, et bien tailliez,
de braz, de janbes, et de piez,
et li hiaumes et li escuz
qui li estoit au col panduz   3544
trop bien et bel li avenoient.
Mes a l'autre tuit se tenoient,
nes cil qui volsissent sa honte,
et dïent tuit que rien ne monte   3548
de Melïagant avers lui.
Maintenant qu'il furent andui
en mi la place, et li rois vient,
qui tant con il puet les detient,   3552
si se painne de la peis feire,
mes il n'i puet son fil atreire ;

et il lor dit : « Tenez voz frains
et voz chevax a tot le mains   3556
tant qu'an la tor soie montez.
Ce n'iert mie trop granz bontez
se por moi tant vos delaiez. »   [40 *b*]
Lors se part d'ax molt esmaiez,   3560
et vient droit la ou il savoit
la reïne qui li avoit
la nuit proié qu'il la meïst
an tel leu que ele veïst   3564
la bataille tot a bandon ;
et il l'en otrea le don,
si l'ala querre et amener ;
car il se voloit molt pener   3568
de s'anor et de son servise.
A une fenestre l'a mise,
et il fu delez li a destre
couchiez sor une autre fenestre,   3572
si ot avoec aus deus assez
et d'uns et d'autres amassez
chevaliers et dames senees,
et puceles del païs nees ;   3576
et molt i avoit des cheitives
qui molt estoient antantives
en orisons et an proieres.
Li prison et les prisonieres   3580
trestuit por lor seignor prioient,
qu'an Deu et an lui se fioient
de secors et de delivrance.
Et cil font lors sanz demorance   3584
arriere treire les genz totes,
et hurtent les escuz des cotes,
s'ont les enarmes anbraciees

et poignent si que deus braciees   3588
par mi les escuz s'antranbatent
des lances, si qu'eles esclatent
et esmïent come brandon.
Et li cheval tot de randon   3592
s'antrevienent que front a front
et piz a piz hurté se sont,
et li escu hurtent ansanble
et li hiaume, si qu'il resanble   3596
de l'escrois que il ont doné
que il eüst molt fort toné,
qu'il n'i remest peitrax ne cengle,
estriés, ne resne, ne varengle   3600
a ronpre, et des seles peçoient
li arçon, qui molt fort estoient ;
ne n'i ont pas grant honte eü   [40 c]
se il sont a terre cheü   3604
des que trestot ce lor failli ;
tost refurent an piez sailli,
si s'antrevienent sanz jengler
plus fieremant que dui sengler,   3608
et se fierent sanz menacier
granz cos des espees d'acier,
come cil qui molt s'antreheent.
Sovant si aspremant se reent   3612
les hiaumes et les haubers blans
qu'aprés le fer an saut li sans.
La bataille molt bien fornissent,
qu'il s'estoutoient et leidissent   3616
des pesanz cos et des felons.
Mainz estors fiers et durs et lons
s'antredonerent par igal,
c'onques ne del bien ne del mal   3620

ne s'an sorent auquel tenir.
Mes ne pooit pas avenir
que cil qui ert au pont passez
ne fust afebloiez assez   3624
des mains, que il avoit plaiees.
Molt an sont les genz esmaiees,
celes qui a lui se tenoient,
car ses cos afebloier voient,   3628
si criement qu'il ne l'an soit pis ;
et il lor estoit ja a vis
que il en avoit le peior
et Melïaganz le meillor,   3632
si an parloient tot antor.
Mes as fenestres de la tor
ot une pucele molt sage,
qui panse et dit an son corage,   3636
que li chevaliers n'avoit mie
por li la bataille arramie,
ne por cele autre gent menue
qui an la place estoit venue,   3640
ne ja enprise ne l'eüst,
se por la reïne ne fust ;
et panse, se il la savoit
a la fenestre ou ele estoit,   3644
qu'ele l'esgardast ne veïst,
force et hardemant an preïst.
Et s'ele son non bien seüst   [41 a]
molt volantiers dit li eüst   3648
qu'il se regardast un petit.
Lors vint a la reïne et dit :
« Dame, por Deu et por le vostre
preu, vos requier, et por le nostre,   3652
que le non a ce chevalier,

por ce que il li doie eidier,
me dites, se vos le savez.
— Tel chose requise m'avez,   3656
dameisele, fet la reïne,
ou ge n'antant nule haïne,
ne felenie, se bien non :
Lanceloz del Lac a a non   3660
li chevaliers, mien escïant.
— Dex ! Com en ai lié et riant
le cuer, et sain, fet la pucele. »
Lors saut avant et si l'apele,   3664
si haut que toz li pueples l'ot,
a molt haute voiz : « Lancelot !
Trestorne toi et si esgarde
qui est qui de toi se prant garde. »   3668
  Qant Lanceloz s'oï nomer,
ne mist gaires a lui torner :
trestorne soi et voit a mont
la chose de trestot le mont   3672
que plus desirroit a veoir,
as loges de la tor seoir.
Ne, puis l'ore qu'il s'aparçut
ne se torna ne ne se mut   3676
de vers li ses ialz ne sa chiere,
einz se desfandoit par derriere ;
et Meleaganz l'enchauçoit
totes voies plus qu'il pooit,   3680
si est molt liez con cil qui panse
c'or n'ait ja mes vers lui desfanse ;
s'an sont cil del païs molt lié,
et li estrange si irié   3684
qu'il ne se pueent sostenir,
einz an i estut mainz venir

jusqu'a terre toz esperduz,
ou as genolz, ou estanduz ;   3688
ensi molt joie et duel i a.
Et lors de rechief s'escria
la pucele, des la fenestre :   [41 b]
« Ha ! Lancelot ! Ce que puet estre   3692
que si folemant te contiens ?
Ja soloit estre toz li biens
et tote la proesce an toi,
ne je ne pans mie ne croi   3696
c'onques Dex feïst chevalier
qui se poïst apareillier
a ta valor ne a ton pris :
Or te veons si antrepris.   3700
Torne toi, si que de ça soies
et que adés ceste tor voies,
que boen veoir et bel la fet. »
Ce tient a honte et a grant let   3704
Lanceloz, tant que il s'an het,
c'une grant piece a, bien le set,
le pis de la bataille eü ;
se l'ont tuit et totes seü.   3708
Lors saut arriere et fet son tor,
et met antre lui et la tor
Meleagant trestot a force.
Et Meleaganz molt s'esforce   3712
que de l'autre part se retort ;
et Lanceloz sore li cort,
sel hurte de si grant vertu
de tot le cors a tot l'escu,   3716
quant d'autre part se vialt torner,
que il le fet tot chanceler
deus foiz ou plus, mes bien li poist ;

et force et hardemanz li croist,   3720
qu'Amors li fet molt grant aïe
et ce que il n'avoit haïe
rien nule tant come celui
qui se conbat ancontre lui.   3724
Amors et haïne mortex,
si granz qu'ainz ne fu encor tex,
le font si fier et corageus
que de neant nel tient a geus   3728
Melïaganz, ainz le crient molt,
c'onques chevalier si estolt
n'acointa mes ne ne conut,
ne tant ne li greva ne nut   3732
nus chevaliers mes, con cil fet.
Volantiers loing de lui se tret,
se li ganchist, et se reüse,   [41 c]
que ses cos het et ses refuse.   3736
Et Lanceloz pas nel mennace,
mes ferant, vers la tor le chace,
ou la reïne ert apoiee.
Sovant l'a servie et loiee...   3740
De tant que si pres l'i menoit
qu'a remenoir li covenoit
por ce qu'il ne la veïst pas
se il alast avant un pas.   3744
Ensi Lanceloz molt sovant
le menoit arriers et avant
par tot la ou boen li estoit,
et totevoies s'arestoit,   3748
devant la reïne sa dame
qui li a mis el cors la flame,
por qu'il la va si regardant ;
et cele flame si ardant   3752

vers Meleagant le feisoit,
que par tot la ou li pleisoit
le pooit mener et chacier !
Come avugle et come eschacier   3756
le mainne, mau gré an ait il.
Li rois voit si ataint son fil
qu'il ne s'aïde ne desfant ;
si l'an poise, et pitiez l'en prant ;   3760
s'i metra consoil, se il puet.
Mes la reïne l'an estuet
proier, se il le vialt bien feire.
Lors li comança a retreire :   3764
« Dame, je vos ai molt amee
et molt servie et enoree
puis qu'an ma baillie vos oi ;
onques chose feire ne soi   3768
que volantiers ne la feïsse,
mes que vostre enor i veïsse ;
or m'an randez le guerredon.
Mes demander vos voel un don   3772
que doner ne me devrïez
se por amor nel feïsiez.
Bien voi que de ceste bataille
a mes filz le poior sanz faille,   3776
ne por ce ne vos an pri mie
qu'il m'an poist, mes que ne l'ocie
Lanceloz, qui en a pooir.   [41 a]
Ne vos nel devez pas voloir,   3780
non pas por ce que il ne l'ait
bien vers vos et vers lui mesfait :
mes por moi, la vostre merci,
li dites, car je vos an pri,   3784
qu'il se taigne de lui ferir.

Ensi me porrïez merir
mon servise, se boen vós iere.
— Biax sire, por vostre proiere,   3788
le voel ge bien, fet la reïne ;
se j'avoie mortel haïne
vers vostre fil, cui ge n'aim mie,
se m'avez vos si bien servie,   3792
que por ce que a gré vos vaigne
voel ge molt bien que il se taigne. »
Ceste parole ne fu mie
dite a consoil, ainz l'ont oïe   3796
Lanceloz et Meleaganz.
Molt est qui aimme obeïssanz,
et molt fet tost et volentiers,
la ou il est amis antiers,   3800
ce qu'a s'amie doie plaire.
Donc le dut bien Lanceloz faire,
qui plus ama que Piramus,
s'onques nus hom pot amer plus.   3804
La parole oï Lanceloz :
ne puis que li darriens moz
de la boche li fu colez,
puis qu'ele ot dit : « Quant vos volez   3808
que il se taigne, jel voel bien »,
puis Lanceloz, por nule rien,
nel tochast, ne ne se meüst,
se il ocirre le deüst.   3812
Il nel toche ne ne se muet ;
et cil fiert lui tant com il puet,
d'ire et de honte forssenez,
quant ot qu'il est a ce menez   3816
que il covient por lui proier.
Et li rois, por luj chastïer,

est jus de la tor avalez ;
an la bataille an est alez   3820
et dist a son fil maintenant :
« Comant ? Est or ce avenant,
qu'il ne te toche/ et tu le fiers ?   [41 *b*]
Trop par es or cruex et fiers,   3824
trop es or preuz a mal eür !
Et nos savons tot de seür
qu'il est au desore de toi. »
Lors dit Melïaganz au roi,   3828
qui de honte fu desjuglez :
« Espoir vos estes avuglez !
Mien escïant, n'i veez gote.
avuglez est qui de ce dote   3832
que au desor de lui ne soie. »
— Or quier, fet li rois, qui te croie !
Que bien sevent totes ces genz
se tu diz voir, ou se tu manz.   3836
La verité bien an savons. »
Lors dit li rois a ses barons
que son fil arriere li traient.
Et cil de rien ne se delaient ;   3840
tost ont son comandemant fet :
Melïagant ont arriers tret.
Mes a Lancelot arriers treire
n'estut il pas grant force feire,   3844
car molt li poïst grant enui
cil feire ainçois qu'il tochast lui.
Et lors dist li rois a son fil :
« Si m'aïst Dex, or t'estuet il   3848
pes feire, et randre la reïne.
Tote la querele anterine
t'estuet lessier et clamer quite.

— Molt grant oiseuse avez or dite !   3852
Molt vos oi de neant debatre !
Fuiez ! Si nos lessiez conbatre,
et si ne vos an merlez ja. »
Et li rois dit que si fera,   3856
« que bien sai que cist t'occirroit
qui conbatre vos lesseroit.
    — Il m'occirroit ? Einz ocirroie
je lui molt tost, et conquerroie,   3860
se vos ne nos destorbeiez
et conbatre nos lesseiez. »
Lors dit li rois : « Se Dex me saut,
quan que tu diz, rien ne te vaut.   3864
    — Por coi, fet il ? — Car je ne vuel.
Ta folie ne ton orguel
ne cresrai pas por toi ocirre.   [41 c]
Molt est fos qui sa mort desirre,   3868
si con tu fez, et tu nel sez.
Et je sai bien que tu m'an hez
por ce que je t'an voel garder.
Ta mort veoir ne esgarder   3872
ne me leira ja Dex, mon vuel,
car trop en avroie grant duel. »
Tant li dit et tant le chastie
que pes et acorde ont bastie.   3876
La pes est tex que cil li rant
la reïne, par tel covant
que Lanceloz, sans nule aloigne,
quele ore que cil l'an semoigne,   3880
des le jor que semont l'avra,
au chief de l'an se conbatra
a Melïagant de rechief ;
ce n'est mie Lancelot grief.   3884

A la pes toz li pueples cort,
et devisent que a la cort
le roi Artus iert la bataille,
qui tient Bretaigne et Cornoaille :   3888
la devisent que ele soit,
s'estuet la reïne l'otroit
et que Lanceloz l'acreant
que, se cil le fet recreant,   3892
qu'ele avoec lui s'an revanra,
ne ja nus ne la detanra.
La reïne ensi le creante,
et Lancelot vient a creante,   3896
si les ont ensi acordez
et departiz et desarmez.

   Tel costume el païs avoit,
que, puis que li uns s'an issoit,   3900
que tuit li autre s'an issoient.
Lancelot tuit beneïssoient :
et ce poez vos bien savoir
que lors i dut grant joie avoir,   3904
et si ot il sanz nule dote.
La genz estrange asanble tote,
qui de Lancelot font grant joie,
et dïent tuit por ce qu'il l'oie   3908
« Sire, voir, molt nos esjoïsmes,
tantost con nomer vos oïsmes,
que seür fumes a delivre   [42 a]
c'or serïons nos tuit delivre. »   3912
A cele joie ot molt grant presse
que chascuns se painne et angresse
comant il puisse a lui tochier.
Cil qui plus s'an puet aprochier   3916
an fu plus liez que ne pot dire.

Assez ot la, et joie et ire,
que cil qui sont desprisoné
sont tuit a joie abandoné ;   3920
mes Melïaganz et li suen
n'ont nule chose de lor buen,
einz sont pansif et mat et morne.
Li rois de la place s'an torne   3924
ne Lancelot n'i lesse mie,
ençois l'an mainne ; et cil li prie
que a la reïne le maint.
« En moi, fet li rois, ne remaint ;   3928
que bien a feire me resanble ;
et Quex le seneschal ansanble
vos mosterrai ge, s'il vos siet. »
A po que as piez ne l'an chiet   3932
Lanceloz, si grant joie en a.
Li rois maintenant l'an mena
en la sale, ou venue estoit
la reïne qui l'atandoit.   3936

   Quant la reïne voit le roi,
qui tient Lancelot par le doi,
si c'est contre le roi dreciee
et fet sanblant de correciee,   3940
si s'anbruncha et ne dist mot.
« Dame, veez ci Lancelot,
fet li rois, qui vos vient veoir ;
ce vos doit molt pleire et seoir.   3944
— Moi ? Sire, moi ne puet il plaire ;
de son veoir n'ai ge que faire.
— Avoi ! dame, ce dit li rois
qui molt estoit frans et cortois,   3948
ou avez vos or cest cuer pris ?
Certes vos avez trop mespris

d'ome qui tant vos a servie
qu'an ceste oirre a sovant sa vie   3952
por vos mise an mortel peril,
et de Melïagant mon fil
vos a resqueusse et desfandue,   [42 b]
qui molt iriez vos a randue.   3956
— Sire, voir, mal l'a enploié ;
ja par moi ne sera noié
que je ne l'an sai point de gré. »
Ez vos Lancelot trespansé,   3960
se li respont molt belemant
a meniere de fin amant :
« Dame, certes, ce poise moi,
ne je n'os demander por coi. »   3964
    Lanceloz molt se demantast
se la reïne l'escoutast ;
mes por lui grever et confondre,
ne li vialt un seul mot respondre,   3968
einz est an une chanbre antree.
Et Lanceloz jusqu'a l'antree
des ialz et del cuer la convoie,
mes as ialz fu corte la voie   3972
que trop estoit la chanbre pres ;
et il fussent antré aprés
molt volantiers, s'il poïst estre.
Li cuers qui plus est sire et mestre   3976
et de plus grant pooir assez
s'an est oltre aprés li passez,
et li oil sont remés defors,
plain de lermes, avoec le cors.   3980
Et li rois, a privé consoil,
dist : « Lancelot, molt me mervoil
que ce puet estre, et don ce muet,

que la reïne ne vos puet   3984
veoir, n'aresnier ne vos vialt.
S'ele onques a vos parler sialt,
n'an deüst or feire dangier,
ne voz paroles estrangier   3988
a ce que por li fet avez.
Or me dites, se vos savez,
por quel chose, por quel mesfet,
ele vos a tel sanblant fet.   3992
    — Sire, or androit ne m'an gardoie ;
mes ne li plest qu'ele me voie,
ne qu'ele ma parole escolt :
il m'an enuie et poise molt.   3996
    — Certes, fet li rois, ele a tort,
que vos vos estes jusqu'a mort
por li en avanture mis.   [42 c]
Or an venez, biax dolz amis,   4000
s'iroiz au seneschal parler.
    — La voel je molt, fet il, aler. »
Au seneschal an vont andui.
Quant Lanceloz vint devant lui,   4004
se li dist au premerain mot
li seneschax a Lancelot :
« Con m'as honi ! — Et je de quoi ?
fet Lanceloz, dites le moi ;   4008
quel honte vos ai ge donc feite ?
    — Molt grant, que tu as a chief treite
la chose que ge n'i poi treire,
s'as fet ce que ge ne poi feire. »   4012
    A tant li rois les lesse andeus ;
de la chanbre s'an ist toz seus ;
et Lanceloz au seneschal
anquiert s'il a eü grant mal.   4016

« Oïl, fet il, et ai encor :
onques n'oi plus mal que j'ai or ;
et je fusse morz grant piece a,
ne fust li rois qui de ci va,   4020
qui m'a mostré par sa pitié
tant de dolçor et d'amistié
c'onques, la ou il le seüst,
rien nule qui mestier m'eüst   4024
ne me failli nule foiee,
qui ne me fust apareilliee
maintenant que il le savoit.
Ancontre un bien qu'il me feisoit,   4028
et Melïaganz d'autre part,
ses filz, qui plains est de mal art,
par traïson a lui mandoit
les mires, si lor comandoit   4032
que sor mes plaies me meïssent
tex oignemanz qui m'oceïssent.
Ensi pere avoie et parrastre,
que quant li rois un boen anplastre   4036
me feisoit sor mes plaies metre,
qui molt se volsist antremetre
que j'eüsse tost garison,
et ses filz, par sa traïson,   4040
le m'an feisoit tost remüer,
por ce qu'il me voloit tüer,
et metre un malvés oignemant.   [42 a]
Mes je sai bien certainnemant   4044
que li rois ne le savoit mie :
tel murtre ne tel felenie
ne sofrist il an nule guise.
Mes ne savez pas la franchise   4048
que il a a ma dame faite :

onques ne fu par nule gaite
si bien gardee torz an marche
des le tans que Noex fist l'arche,   4052
que il mialz gardee ne l'ait,
que neïs veoir ne la lait
son fil, qui molt an est dolanz,
fors devant le comun des genz   4056
ou devant le suen cors demainne.
A si grant enor la demainne
et a demené jusque ci
li frans rois la soe merci,   4060
com ele deviser le sot.
Onques deviseor n'i ot
fors li, qu'ainsi le devisa ;
et li rois molt plus l'an prisa,   4064
por la lëauté qu'an li vit.
Mes est ce voirs que l'an m'a dit,
qu'ele a vers vos si grant corroz
qu'ele sa parole, oiant toz,   4068
vos a vehee et escondite ?
— Verité vos en a l'an dite,
fet Lanceloz, tot a estros.
Mes por Deu, savrïez me vos   4072
dire por coi ele me het ? »
Cil respont que il ne le set,
einz s'an mervoille estrangemant.
« Or soit a son comandemant »,   4076
fet Lanceloz qui mialz ne puet,
et dit : « Congié prandre m'estuet,
s'irai mon seignor Gauvain querre,
qui est antrez an ceste terre,   4080
et covant m'ot que il vandroit
au Pont desoz Eve tot droit. »

A tant est de la chanbre issuz ;
devant le roi an est venuz   4084
et prant congié de cele voie.
Li rois volantiers li otroie ;   [42 b]
mes cil qu'il avoit delivrez
et de prison desprisonez   4088
li demandent que il feront.
Et il dit : « Avoec moi vandront
tuit cil qui i voldront venir ;
et cil qui se voldront tenir   4092
lez la reïne, si s'i taignent :
n'est pas droiz que avoec moi vaingnent. »
Avoec lui vont tuit cil qui voelent,
lié et joiant plus qu'il ne suelent.   4096
Avoec la reïne remainnent
puceles qui joie demainnent
et dames et chevalier maint ;
mes uns toz seus n'en i remaint   4100
qui mialz n'amast a retorner
an son païs que sejorner.
Mes la reïne les retient
por mon seignor Gauvain qui vient,   4104
et dit qu'ele ne se movra
tant que noveles an savra.
  Par tot est la novele dite
que tote est la reïne quite   4108
et delivré tuit li prison,
si s'an iront sanz mesprison
quant ax pleira et boen lor iert.
Li uns l'autre le voir an quiert,   4112
onques parole autre ne tindrent
les genz quant tuit ansanble vindrent.
Et de ce ne sont pas irié

que li mal pas sont depecié,   4116
se va et vient qui onques vialt :
n'est pas ensi com estre sialt.
Quant les genz del païs le sorent
qui a la bataille esté n'orent,   4120
comant Lanceloz l'avoit fet
si se sont tuit cele part tret
ou il sorent que il aloit ;
car il cuident qu'au roi bel soit   4124
se pris et mené li avoient
Lancelot. Et li suen estoient
tuit de lor armes desgarni,
et por ce furent escherni,   4128
que cil del païs armé vindrent.
Ne fu pas mervoille s'il prindrent   [42 c]
Lancelot, qui desarmez iere.
Tot pris le ramainnent arriere,   4132
les piez lïez soz son cheval.
Et cil dïent : « Vos feites mal,
seignor, car li rois nos conduit.
Nos somes an sa garde tuit. »   4136
Et cil dïent : « Nos nel savons,
mes ensi con pris vos avons
vos covandra venir a cort. »
Novele qui tost vole et cort   4140
vient au roi que ses genz ont pris
Lancelot, et si l'ont ocis.
Quant li rois l'ot, molt l'an est grief,
et jure assez plus que son chief   4144
que cil qui l'ont mort an morront ;
ja desfandre ne s'an porront
et, s'il les puet tenir ou prandre,
ja n'i avra mes que del pandre   4148

ou del ardoir ou del noier.
Et se il le voelent noier
ja nes an cresra a nul fuer,
que trop li ont mis an son cuer   4152
grant duel, et si grant honte faite,
qui li devroit estre retraite
s'il n'an estoit prise vangence ;
mes il l'an panra sanz dotance.   4156
   Ceste novele par tot vait,
a la reïne fu retrait,
qui au mangier estoit assise ;
a po qu'ele ne s'est ocise   4160
maintenant que de Lancelot
la mançonge et la novele ot ;
mes ele la cuide veraie
et tant duremant s'an esmaie   4164
qu'a po la parole n'an pert ;
mes por les genz dit en apert :
« Molt me poise, voir, de sa mort ;
et s'il m'an poise, n'ai pas tort ;   4168
qu'il vint an cest païs por moi,
por ce pesance avoir an doi ».
Puis dit a li meïsme an bas,
por ce que l'en ne l'oïst pas,   4172
que de boivre ne de mangier
ne la covient ja mes proier   [43 a]
se ce est voirs que cil morz soit
por la cui vie ele vivoit.   4176
Tantost se lieve molt dolante
de la table, si se demante,
si que nus ne l'ot ne escoute.
De li ocirre est si estoute   4180
que sovant se prant a la gole ;

mes ainz se confesse a li sole,
si se repant et bat sa colpe,
et molt se blasme, et molt s'ancolpe,   4184
del pechié qu'ele fet avoit
vers celui don ele savoit
qui suens avoit esté toz dis,
et fust ancor, se il fust vis.   4188
Tel duel a de sa crualté
que molt an pert de sa biauté.
Sa crualté, sa felenie,
la fet molt tainte et molt nercie,   4192
et ce qu'ele voille et geüne ;
toz ses mesfez ansanble aüne,
et tuit li reviennent devant ;
toz les recorde, et dit sovant :   4196
« Ha ! lasse ! De coi me sovint,
quant mes amis devant moi vint,
que je nel deignai conjoïr
ne ne le vos onques oïr !   4200
Quant mon esgart et ma parole
li veai, ne fis je que fole ?
Que fole ? Ainz fis, si m'aïst Dex,
que felenesse et que cruex ;   4204
et sel cuidai ge feire a gas,
mes ensi nel cuida il pas,
se nel m'a mie pardoné
Nus fors moi ne li a doné   4208
le mortel cop, mien escïant.
Quant il vint devant moi riant
et cuida que je li feïsse
grant joie, et que je le veïsse,   4212
et onques veoir ne le vos,
ne li fu ce donc mortex cos ?

Quant ma parole li veai,
tantost, ce cuit, le dessevrai 4216
del cuer et de la vie ansanble.
Cil dui cop l'ont mort, ce me sanble ; [43 b]
ne l'ont mort autre Breibançon.
Et Dex ! Avrai ge reançon 4220
de cest murtre, de cest pechié ?
Nenil voir, ainz seront sechié
tuit li flueve, et la mers tarie !
Ha ! lasse ! Con fusse garie 4224
et com me fust granz reconforz
se une foiz, ainz qu'il fust morz,
l'eüsse antre mes braz tenu.
Comant ? Certes, tot nu a nu, 4228
por ce que plus an fusse a eise.
Quant il est morz, molt sui malveise,
que je ne faz tant que je muire.
Don ne me doit ma vie nuire, 4232
se je sui vive aprés sa mort,
quant je a rien ne me deport
s'es max non, que je trai por lui ?
Quant après sa mort m'i dedui, 4236
certes molt fust dolz a sa vie
li max don j'ai or grant anvie.
Malveise est qui mialz vialt morir,
que mal por son ami sofrir. 4240
Mes certes, il m'est molt pleisant
que j'en aille lonc duel feisant.
Mialz voel vivre et sofrir les cos
que morir et estre an repos. » 4244
La reïne an tel duel estut
deus jorz, que ne manja ne but,
tant qu'an cuida qu'ele fust morte.

Assez est qui noveles porte,   4248
einçois la leide que la bele.
A Lancelot vient la novele
que morte est sa dame et s'amie ;
molt l'en pesa, n'en dotez mie ;   4252
bien pueent savoir totes genz
qu'il fu molt iriez et dolanz.
Por voir, il fu si adolez,
s'oïr, et savoir le volez,   4256
que sa vie en ot an despit :
ocirre se volt sanz respit,
mes ainçois fist une conplainte.
D'une ceinture qu'il ot ceinte   4260
noe un des chiés au laz corrant,
et dit a lui seul an plorant :   [43 c]
« Ha ! Morz ! Com m'as or agueitié
que tot sain me fez desheitié !   4264
Desheitiez sui, ne mal ne sant
fors del duel qu'au cuer me descent.
Çist diax est max, voire mortex.
Ce voel je bien que il soit tex   4268
et, se Deu plest, je an morrai.
Comant ? N'autremant ne porrai
morir, se Damedeu ne plest ?
Si ferai, mes que il me lest   4272
cest laz antor ma gole estraindre,
ensi cuit bien la mort destraindre
tant que mal gré suen m'ocirrai.
Comant ? N'autremant n'en porrai...   4276
Se cez non qui de li n'ont cure
ne vialt venir, mes ma ceinture
la m'amanra trestote prise,
et des qu'ele iert an ma justise,   4280

donc fera ele mon talant.
Voire, mes trop vanra a lant,
tant sui desirranz que je l'aie. »
Lors ne demore ne delaie,   4284
einz met le laz antor sa teste
tant qu'antor le col li areste ;
et por ce que il mal se face
le chief de la ceinture lace   4288
a l'arçon de sa sele estroit,
ensi que nus ne l'aparçoit ;
puis se let vers terre cliner,
si se vost feire traïner   4292
a son cheval, tant qu'il estaigne :
une ore plus vivre ne daigne.
Quant a terre cheü le voient
cil qui avoec lui chevalchoient,   4296
si cuident que pasmez se soit,
que nus del laz ne s'aparçoit
qu'antor son col avoit lacié.
Tot maintenant l'ont redrecié,   4300
sel relievent antre lor braz,
et si ont lors trové le laz,
dont il estoit ses anemis,
qu'anviron son col avoit mis ;   4304
sel tranchent molt isnelemant :   [43 a]
mes la gorge si duremant
li laz justisiee li ot,
que de piece parler ne pot ;   4308
qu'a po ne sont les voinnes rotes
del col et de la gorge totes ;
ne puis, se il le volsist bien,
ne se pot mal feire de rien.   4312
Ce pesoit lui qu'an le gardoit,

a po que de duel n'en ardoit,
que molt volantiers s'oceïst,
se nus garde ne s'an preïst.   4316
Et quant il mal ne se puet faire,
se dit : « Ha ! Vix Morz deputaire,
Morz, por Deu, don n'avoies tu
tant de pooir et de vertu   4320
qu'ainz que ma dame m'oceïsses !
Espoir por ce que bien feïsses,
ne volsis feire ne daignas !
Par felenie le lessas   4324
que ja ne t'iert a el conté.
Ha ! quel servise et quel bonté !
Con l'as or an boen leu assise !
Dahez ait, qui de cest servise   4328
te mercie, ne gré t'an set.
Je ne sai li quex plus me het
ou la Vie qui me desirre,
ou Morz qui ne me vialt ocirre.   4332
Ensi l'une et l'autre m'ocit ;
mes c'est a droit, se Dex m'aït,
que maleoit gré mien sui vis ;
que je me deüsse estre ocis   4336
des que ma dame la reïne
me mostra sanblant de haïne,
ne ne le fist pas sanz reison,
einz i ot molt boene acheson,   4340
mes je ne sai quex ele fu.
Mes se ge l'eüsse seü,
einz que s'ame alast devant Dé
je le li eüsse amandé   4344
si richemant con li pleüst,
mes que de moi merci eüst.

Dex, cist forfez, quex estre pot ?
Bien cuit que espoir ele sot   4348
que je montai sor la charrete.   [43 *b*]
Ne sai quel blasme ele me mete
se cestui non. Cist m'a traï.
S'ele por cestui m'a haï,   4352
Dex, cist forfez, por coi me nut ?
Onques Amors bien ne conut
qui ce me torna a reproche ;
qu'an ne porroit dire de boche   4356
riens qui de par Amors venist,
qui a reproche apartenist ;
einz est amors et corteisie
quan qu'an puet feire por s'amie.   4360
Por m'« amie » nel fis je pas.
Ne sai comant je die, las !
Ne sai se die « amie » ou non,
ne li os metre cest sornon.   4364
Mes tant cuit je d'amor savoir,
que ne me deüst mie avoir
por ce plus vil, s'ele m'amast,
mes ami verai me clamast,   4368
quant por li me sanbloit enors
a feire quan que vialt Amors,
nes sor la charrete monter.
Ce deüst ele amor conter ;   4372
et c'est la provance veraie :
Amors ensi les suens essaie,
ensi conuist ele les suens.
Mes ma dame ne fu pas buens   4376
cist servises ; bien le provai
au sanblant que an li trovai.
Et tote voie ses amis

LANCELOT.   9

fist ce don maint li ont amis   4380
por li honte et reproche et blasme ;
s'ai fet ce geu don an me blasme
et de ma dolçor m'anertume,
par foi, car tex est la costume   4384
a cez qui d'amor rien ne sevent
et qui enor en honte levent :
mes qui enor an honte moille
ne la leve pas, einz la soille.   4388
Or sont cil d'Amors non sachant
qui ensi les vont despisant,
et molt an sus d'Amors se botent
qui son comandemant ne dotent.   4392
Car, sanz faille, molt en amande   [43 c]
qui fet ce qu'Amors li comande,
et tot est pardonable chose ;
s'est failliz qui feire ne l'ose. »   4396
    Ensi Lanceloz se demante,
et sa genz est lez lui dolante
qui le gardent et qui le tienent.
Et antre tant noveles vienent   4400
que la reïne n'est pas morte.
Tantost Lanceloz se conforte,
et s'il avoit fet de sa mort,
devant, grant duel, et fier, et fort,   4404
encor fu bien .c^m. tanz
la joie de sa vie granz.
Et quant il vindrent del recet
pres a sis liues ou a set,   4408
ou li rois Bademaguz iere,
novele que il ot molt chiere
li fu de Lancelot contee,
se l'a volantiers escotee,   4412

qu'il vit, et vient sains et heitiez.
Molt an fist que bien afeitiez,
que la reïne l'ala dire.
Et ele li respont : « Biax sire,   4416
quant vos le dites, bien le croi ;
mes s'il fust morz, bien vos otroi,
que je ne fusse ja mes liee.
Trop me fust ma joie estrangiee,   4420
s'uns chevaliers an mon servise
eüst mort receüe et prise. »
    A tant li rois de li se part ;
et molt est la reïne tart   4424
que sa joie et ses amis veingne.
N'a mes talant que ele teigne
atahine de nule chose.
Mes novele qui ne repose.   4428
einz cort toz jorz qu'ele ne fine
de rechief vient a la reïne
que Lanceloz ocis se fust
por li, se feire li leüst.   4432
Ele an est liee et sel croit bien,
mes nel volsist por nule rien,
que trop li fust mesavenu.
Et antre tant ez vos venu   4436
Lancelot qui molt se hastoit   [44 a]
Maintenant que li rois le voit,
sel cort beisier et acoler.
Vis li est qu'il doie voler   4440
tant le fet sa joie legier.
Mes la joie font abregier
cil qui le lïerent et prindrent :
li rois lor dist que mar i vindrent,   4444
que tuit sont mort et confondu.

Et il li ont tant respondu
qu'il cuidoient qu'il le volsist.
« Moi desplest il, mes il vos sist,   4448
fet li rois, n'a lui rien ne monte.
Lui n'avez vos fet nule honte,
se moi non, qui le conduisoie ;
comant qu'il soit, la honte est moie.   4452
Mes ja ne vos an gaberoiz,
quant vos de moi eschaperoiz. »
    Qant Lanceloz l'ot correcier,
de la pes feire et adrecier   4456
au plus qu'il onques puet se painne
tant qu'il l'a feite ; lors l'en mainne
li rois la reïne veoir.
Lors ne lessa mie cheoir   4460
la reïne ses ialz vers terre ;
einz l'ala lieemant requerre,
si l'enora de son pooir,
et sel fist lez li aseoir.   4464
Puis parlerent a lor pleisir
de quan que lor vint a pleisir,
ne matiere ne lor failloit,
qu'Amors assez lor an bailloit.   4468
Et quant Lanceloz voit son eise,
qu'il ne dit rien que molt ne pleise
la reïne, lors a consoil
a dit : « Dame, molt me mervoil   4472
por coi tel sanblant me feïstes
avant hier, quant vos me veïstes,
n'onques un mot ne me sonastes
a po la mort ne m'an donastes,   4476
ne je n'oi tant de hardemant
que tant com or vos an demant

vos en osasse demander.
Dame, or sui prez de l'amander,   4480
mes que le forfet dit m'aiez   ⌈44 b]
dom j'ai esté molt esmaiez ».
Et la reïne li reconte :
« Comant ? Don n'eüstes vos honte   4484
de la charrete, et si dotastes ?
Molt a grant enviz i montastes
quant vos demorastes deus pas.
Por ce, voir, ne vos vos je pas   4488
ne aresnier ne esgarder.
— Autre foiz me doint Dex garder,
fet Lanceloz, de tel mesfet,
et ja Dex de moi merci n'et   4492
se vos n'eüstes molt grant droit.
Dame, por Deu, tot or androit
de moi l'amande an recevez,
et se vos ja le me devez   4496
pardoner, por Deu sel me dites.
— Amis, toz an soiez vos quites,
fet la reïne, oltreemant :
jel vos pardoing molt boenemant.   4500
— Dame, fet il, vostre merci ;
mes je ne vos puis mie ci
tot dire quan que ge voldroie ;
volantiers a vos parleroie   4504
plus a leisir, s'il pooit estre. »
Et la reïne une fenestre
li mostre, a l'uel, non mie au doi,
et dit : « Venez parler a moi   4508
a cele fenestre anquenuit,
quant par ceanz dormiront tuit,
et si vanroiz par cel vergier.

Ceanz antrer, ne herbergier   4512
ne porroiz mie vostre cors ;
je serai anz, et vos defors
que ceanz ne porroiz venir.
Ne je ne porrai avenir   4516
a vos, fors de boche ou de main ;
et, s'il vos plest, jusqu'a demain
i serai por amor de vos.
Asanbler ne porriens nos,   4520
qu'an ma chanbre, devant moi, gist
Kex, li seneschax, qui lenguist
des plaies dom il est coverz.
Et li huis ne rest mie overz,   4524
einz est bien fers et bien gardez.   [44 c]
Quant vos vandroiz, si vos gardez
que nule espie ne vos truisse.
— Dame, fet il, la ou je puisse   4528
ne me verra ja nule espie
qui mal i pant ne mal an die. »
Ensi ont pris lor parlemant,
si departent molt lieemant.   4532
   Lanceloz ist fors de la chanbre,
si liez que il ne li remanbre
de nul de trestoz ses enuiz.
Mes trop li demore la nuiz,   4536
et li jorz li a plus duré,
a ce qu'il i a enduré,
que cent autre ou c'uns anz entiers.
Au parlemant molt volentiers   4540
s'an alast, s'il fust anuitié.
Tant a au jor vaintre luitié
que la nuiz molt noire et oscure
l'ot mis desoz sa coverture   4544

et desoz sa chape afublé.
Quant il vit le jor enublé,
si se fet las et traveillié,
et dit que molt avoit veillié,   4548
s'avoit mestier de reposer.
Bien poez antendre et gloser,
vos qui avez fet autretel,
que por la gent de son ostel   4552
se fet las et se fet couchier ;
mes n'ot mie son lit tant chier
que por rien il n'i reposast,
n'il ne poïst ne il n'osast,   4556
ne il ne volsist pas avoir
le hardemant ne le pooir.
Molt tost et soëf s'an leva,
ne ce mie ne li greva   4560
qu'il ne luisoit lune n'estoile,
n'an la meison n'avoit chandoile,
ne lanpe, ne lanterne ardant.
Ensi s'an ala regardant   4564
c'onques nus garde ne s'an prist,
einz cuidoient qu'il se dormist
an son lit trestote la nuit.
Sanz conpaignie et sanz conduit   4568
molt tost vers le vergier s'an va,   [44 *a*]
que conpaignie ne trova,
et de ce li est bien cheü
c'une piece del mur cheü   4572
ot el vergier novelemant.
Par cele fraite isnelemant
s'an passe, et vet tant que il vient
a la fenestre, et la se tient   4576
si coiz qu'il n'i tost, n'esternue,

tant que la reïne est venue
en une molt blanche chemise ;
n'ot sus bliaut ne cote mise,   4580
mes un cort mantel ot desus,
d'escarlate et de cisemus.
Quant Lanceloz voit la reïne
qui a la fenestre s'acline,   4584
qui de gros fers estoit ferree,
d'un dolz salu l'a saluee.
Et ele un autre tost li rant,
que molt estoient desirrant   4588
il de li et ele de lui.
De vilenie ne d'enui
ne tienent parlemant ne plet.
Li uns pres de l'autre se tret   4592
et andui main a main se tienent.
De ce que ansanble ne vienent
lor poise molt a desmesure,
qu'il an blasment la ferreüre.   4596
Mes de ce Lanceloz se vante
que, s'a la reïne atalante,
avoec li leanz anterra :
ja por les fers ne remanra.   4600
Et la reïne li respont :
« Ne veez vos con cist fer sont
roide a ploier, et fort a fraindre ?
Ja tant ne les porroiz destraindre,   4604
ne tirer a vos, ne sachier,
que les poïssiez arachier.
— Dame, fet il, or ne vos chaille !
Ja ne cuit que fers rien i vaille ;   4608
rien fors vos ne me puet tenir
que bien ne puisse a vos venir.

Se vostre congiez le m'otroie,
tote m'est delivre la voie ;   4612
mes se il bien ne vos agree   [44 *b*]
donc m'est ele si anconbree
que n'i passeroie por rien.
— Certes, fet ele, jel voel bien,   4616
mes voloirs pas ne vos detient ;
mes tant atandre vos covient
que an mon lit soie couchiee,
que de noise ne vos meschiee ;   4620
qu'il n'i avroit geu ne deport,
se li seneschax qui ci dort
s'esveilloit ja por nostre noise.
Por c'est bien droiz que je m'an voise,   4624
qu'il n'i porroit nul bien noter
se il me veoit ci ester.
— Dame, fet il, or alez donques,
mes de ce ne dotez vos onques   4628
que je i doie noise faire.
Si soëf an cuit les fers traire
que ja ne m'an traveillerai
ne nelui n'an esveillerai. »   4632
    A tant la reïne s'an torne
et cil s'aparoille et atorne
de la fenestre desconfire.
As fers se prant, et sache, et tire,   4636
si que trestoz ploier les fet
et que fors de lor leus les tret.
Mes si estoit tranchanz li fers
que del doi mame jusqu'as ners   4640
la premiere once s'an creva,
et de l'autre doi se trancha
la premerainne jointe tote ;

et del sanc qui jus an degote,   4644
ne des plaies, nule ne sant
cil qui a autre chose antant.
La fenestre n'est mie basse,
neporquant Lanceloz i passe   4648
molt tost et molt delivremant.
An son lit trueve Kex dormant
et puis vint au lit la reïne,
si l'aore et se li ancline,   4652
car an nul cors saint ne croit tant.
Et la reïne li estant
ses bras ancontre, si l'anbrace,
estroit pres de son piz le lace,   4656
si l'a lez li an son lit tret,   [44 c]
et le plus bel sanblant li fet
que ele onques feire li puet,
que d'Amors et del cuer li muet   4660
D'Amors vient qu'ele le conjot ;
et s'ele a lui grant amor ot
et il c. mile tanz a li,
car a toz autres cuers failli   4664
Amors avers qu'au suen ne fist ;
mes an son cuer tote reprist
Amors, et fu si anterine
qu'an toz autres cuers fu frarine.   4668
Or a Lanceloz quan qu'il vïalt
quant la reïne an gré requialt
sa conpaignie et son solaz,
quant il la tient antre ses braz   4672
et ele lui antre les suens.
Tant li est ses jeus dolz et buens,
et del beisier, et del santir,
que il lor avint sanz mantir   4676

une joie et une mervoille
tel c'onques ancor sa paroille
ne fu oïe ne seüe ;
mes toz jorz iert par moi teüe,   4680
qu'an conte ne doit estre dite.
Des joies fu la plus eslite
et la plus delitable cele
que li contes nos test et cele.   4684
Molt ot de joie et de deduit
Lanceloz, tote cele nuit.
Mes li jorz vient qui molt li grieve,
quant de lez s'amie se lieve.   4688
Au lever fu il droiz martirs,
tant li fu griés li departirs,
car il i suefre grant martire.
Ses cuers adés cele part tire   4692
ou la reïne se remaint.
N'a pooir que il l'an remaint,
que la reïne tant li plest
qu'il n'a talant que il la lest :   4696
li cors s'an vet, li cuers sejorne.
Droit vers la fenestre s'an torne ;
mes de son sanc tant i remaint
que li drap sont tachié et taint   4700
del sanc qui cheï de ses doiz.   [45 a]
Molt s'an part Lanceloz destroiz,
plains de sopirs, et plains de lermes.
Del rasanbler n'est pas pris termes,   4704
ce poise lui, mes ne puet estre.
A enviz passe a la fenestre,
s'i antra il molt volantiers ;
n'avoit mie les doiz antiers,   4708
que molt fort s'i estoit bleciez ;

et s'a il les fers redreciez
et remis an lor leus arriere,
si que ne devant ne derriere,   4712
n'an l'un, ne an l'autre costé,
ne pert qu'an an eüst osté
nus des fers ne tret ne ploié.
Au departir a soploié   4716
a la chanbre, et fet tot autel
con s'il fust devant un autel.
Puis s'an part a molt grant angoisse ;
n'ancontre home qui le conoisse,   4720
tant qu'an son ostel est venuz.
An son lit se couche toz nuz,
si c'onques nelui n'i esvoille.
Et lors a primes se mervoille   4724
de ses doiz qu'il trueve plaiez ;
mes de rien n'an est esmaiez
por ce qu'il set tot de seür
que au traire les fers del mur   4728
de la fenestre se bleça ;
por ce pas ne s'an correça,
car il se volsist mialz del cors
andeus les braz avoir traiz fors   4732
que il ne fust oltre passez ;
mes s'il se fust aillors quassez
et si laidemant anpiriez,
molt an fust dolanz et iriez.   4736
    La reïne la matinee,
dedanz sa chanbre ancortinee,
se fu molt soëf andormie :
de ses dras ne se gardoit mie   4740
que il fussent tachié de sanc,
einz cuidoit qu'il fussent molt blanc

et molt bel et molt avenant.
Et Melïaganz, maintenant   4744
qu'il fu vestuz et atornez,   [45 b]
s'an est vers la chanbre tornez
ou la reïne se gisoit.
Veillant la trueve, et les dras voit   4748
del fres sanc tachiez et gotez ;
s'en a ses conpaignons botez,
et com aparcevant de mal,
vers le lit Kex le seneschal   4752
esgarde, et voit les dras tachiez
de sanc, que la nuit, ce sachiez,
furent ses plaies escrevees.
Et dit : « Dame, or ai ge trovees   4756
tex anseignes con je voloie !
Bien est voirs que molt se foloie
qui de fame garder se painne,
son travail i pert et sa painne ;   4760
qu'ainz la pert cil qui plus la garde
'ue cil qui ne s'an done garde.
)e moi vos a il bien gardee ;
mes enuit vos a regardee   4764
Kex, li seneschax, mal gré suen,
s'a de vos eü tot son buen,
et il sera molt bien prové.
— Comant, fet ele ? — J'ai trové   4768
sanc an vos dras, qui le tesmoingne,
puis qu'a dire le me besoigne.
Par ce le sai, par ce le pruis,
que an voz dras et es suens truis   4772
le sanc, qui cheï de ses plaies :
ce sont ansaignes bien veraies. »
Lors primes la reïne vit

et an l'un et an l'autre lit   4776
les dras sanglanz, si s'an mervoille ;
honte en ot, si devint vermoille
et dist : « Se Damedex me gart,
ce sanc, que an mes dras regart,   4780
onques ne l'i aporta Ques,
einz m'a enuit senié li nes ;
de mon nes fu au mien espoir. »
Et ele cuide dire voir.   4784
« Par mon chief, fet Meleaganz,
quanque vos dites est neanz.
N'i a mestier parole fainte,
que provee estes et atainte,   4788
et bien sera li voirs provez ».   [45 c]
Lors dit : « Seignor, ne vos movez »
(as gardes qui iluec estoient),
« et gardez que osté ne soient   4792
li drap del lit, tant que je veigne.
Je voel que li rois droit me teigne
quant la chose veüe avra. »
Lors le quist tant qu'il le trova ;   4796
si se lesse a ses piez cheoir
et dit : « Sire, venez veoir
ce don garde ne vos prenez.
La reïne veoir venez,   4800
si verroiz mervoilles provees
que j'ai veües et trovees ;
mes ainçois que vos i ailliez,
vos pri que vos ne me failliez   4804
de justise ne de droiture :
bien savez ar quel aventure,
por la reïne, ai mon cors mis,
dom vos estes mes anemis,   4808

que por moi la faites garder.
Hui matin l'alai regarder
an son lit, et si ai veü
tant, que j'ai bien aparceü   4812
qu'avoec li gist Kex chasque nuit.
Sire, por Deu, ne vos enuit
s'il m'an poise, et se je m'an plaing,
car molt me vient a grant desdaing   4816
qant ele me het et despist,
et Kex o li chasque nuit gist.
— Tes ! fet li rois, je nel croi pas.
— Sire, or venez veoir les dras,   4820
comant Kex les a conreez.
Quant ma parole ne creez,
einçois cuidiez que je vos mante,
les dras et la coute sanglante   4824
des plaies Kex vos mosterrrai.
— Or i alons, si le verrai,
fet li rois, que veoir le voel :
le voir m'an aprendront mi oel. »   4828
Li rois tot maintenant s'an va
jusqu'an la chanbre ou il trova
la reïne qui se levoit.
Les dras sanglanz an son lit voit,   4832
et el lit Kex autresimant,   [45 a]
et dist : « Dame, or vet malemant
se c'est voirs que mes filz m'a dit. »
— Ele respont : « Se Dex m'aït,   4836
onques ne fu, neïs de songe,
contee si male mançonge
Je cuit que Kex li seneschax
est si cortois et si leax   4840
que il n'an fet mie a mescroire ;

et je ne regiet mie an foire
mon cors, ne n'an faz livreison.
Certes, Kex n'est mie tex hom   4844
qu'il me requeïst tel outrage,
ne je n'en oi onques corage
del faire, ne ja ne l'avrai.
— Sire, molt boen gré vos savrai,   4848
fet Meleaganz a son pere,
se Kex son outrage conpere,
si que la reïne i ait honte.
A vos tient la justise et monte,   4852
et je vos an requier et pri.
Le roi Artus a Kex traï
son seignor, qui tant le creoit
que comandee li avoit   4856
la rien que plus ainme an cest monde.
— Sire, or sofrez que je responde,
fet Kex, et si m'escondirai.
Ja Dex, quant de cest siegle irai,   4860
ne me face pardon a l'ame,
se onques jui avoec ma dame.
Certes, mialz voldroie estre morz
que tex leidure ne tiex torz   4864
fust par moi quis vers mon seignor ;
et ja mes Dex santé graignor
que j'ai or androit ne me doint,
einz me praigne morz an cest point,   4868
se je onques le me pansai.
Mes itant de mes plaies sai
qu'annuit m'ont seinnié a planté,
s'an sont mi drap ansanglanté.   4872
Por ce vostre filz me mescroit,
mes certes, il n'i a nul droit. »

Et Meleaganz li respont :
« Si m'aïst Dex, traï vos ont   4876
li deable, li vif maufé ;   [45 b]
trop fustes enuit eschaufé,
et por ce que trop vos grevastes,
voz plaies sanz dote escrevastes.   4880
Ne vos i valt neant contrueve :
li sans d'anbedeus parz le prueve ;
bien le veons et bien i pert.
Droiz est que son forfet conpert   4884
que si est provez et repris.
Einz chevaliers de vostre pris
ne fist si grant descovenue,
si vos an est honte avenue.   4888
— Sire, sire, fet Kex au roi,
je desfandrai ma dame et moi
de ce que vostre filz m'amet ;
an poinne et an travail me met,   4892
mes certes a tort me travaille.
— Vos n'avez mestier de bataille,
fet li rois, que trop vos dolez.
— Sire, se sofrir le volez,   4896
ensi malades con je sui
me conbatrai ancontre lui
et mosterrai que je n'ai colpe
an cest blasme don il m'ancolpe. »   4900
Et la reïne mandé ot
tot celeemant Lancelot,
et dit au roi que ele avra
un chevalier qui desfandra   4904
le seneschal de ceste chose
vers Meleagant, se il ose.
Et Meleaganz dist tantost :

« Nus chevaliers ne vos en ost   4908
vers cui la bataille n'anpraigne
tant que li uns vaincuz remaingne,
nes se ce estoit uns jaianz. »
A tant vint Lanceloz leanz ;   4912
des chevaliers i ot tel rote
que plainne an fu la sale tote.
Maintenant que il fu venuz,
oiant toz, juenes et chenuz,   4916
la reïne la chose conte
et dit : « Lancelot, ceste honte
m'a ci Meleaganz amise ;
an mescreance m'an a mise   4920
vers trestoz ces qui l'oënt dire   [45 c]
se vos ne l'an feites desdire.
Enuit, ce dit, a Kex geü
o moi, por ce qu'il a veü   4924
mes dras et les suens de sanc tainz
et dit que toz an iert atainz,
se vers lui ne se puet desfandre
ou se autres ne vialt anprandre   4928
la bataille por lui aidier.
— Ja ne vos an covient pleidier,
fet Lanceloz, la ou je soie.
Ja Deu ne place qu'an mescroie   4932
ne vos ne lui de tel afeire.
Prez sui de la bataille feire,
que onques ne le se pansa,
se an moi point de desfanse a   4936
A mon pooir l'an desfandrai,
por lui la bataille anprandrai. »
Et Meleaganz avant saut
et dit : « Se Damedex me saut,   4940

ce voel je bien, et molt me siet :
ja ne pant nus que il me griet. »
Et Lanceloz dist : « Sire rois,
je sai de quauses, et de lois,   4944
et de plez, et de jugemanz :
ne doit estre sanz seiremanz
bataille de tel mescreance. »
Et Meleaganz sanz dotance   4948
li respont molt isnelemant :
« Bien i soient li seiremant
et veignent li saint or androit,
que je sai bien que je ai droit. »   4952
Et Lanceloz ancontre dit :
« Onques, se Damedex m'aït,
Quex le seneschal ne conut
qui de tel chose le mescrut. »   4956
Maintenant lor armes demandent,
lor chevax amener comandent ;
l'an lor amainne ; armé se sont ;
vaslet les arment ; armé sont ;   4960
et ja resont li saint fors tret.
Meleaganz avant se tret
et Lanceloz dejoste lui ;
si s'agenoillent anbedui ;   4964
et Meleaganz tant sa main   [46 a]
aus sainz et jure tot de plain :
« Ensi m'aïst Dex et li sainz,
Kex li seneschaus fu conpainz   4968
enuit la reïne, an son lit,
et de li ot tot son delit ;
— Et je t'an lief come parjur,
fet Lanceloz, et si rejur   4972
qu'il n'i jut ne ne la santi.

Et de celui qui a manti
praigne Dex, se lui plest, vangence
et face voire demostrance.   4976
Mes ancor un autre an ferai
del seiremanz, et jurerai,
cui qu'il enuit ne cui qu'il poist,
que se il hui venir me loist   4980
de Meleagant au desus,
tant m'aïst Dex et neant plus
et ces reliques qui sont ci,
que ja de lui n'avrai merci. »   4984
Li rois de rien ne s'esjoï
quant cestui sairemant oï.

Qant li seiremant furent fet,
lor cheval lor furent fors tret,   4988
bel et boen de totes bontez ;
sor le suen est chascuns montez,
et li uns contre l'autre muet
tant con chevax porter le puet ;   4992
et es plus granz cors des chevax
fiert li uns l'autre des vasax
si qu'il ne lor remaint nes poinz
des deus lances tres qu'anz es poinz.   4996
Et li uns l'autre a terre porte,
mes ne font mie chiere morte
que tot maintenant se relievent
et tant com il pu;ent se grievent   5000
aus tranchanz des espees nues.
Les estanceles vers les nues
totes ardanz des hiaumes saillent.
Par si grant ire s'antr'asaillent   5004
as espees que nues tienent,
que si com eles vont et vienent,

s'antr'ancontrent et s'antrefierent,
ne tant reposer ne se quierent   5008
qu'aleinne reprandre lor loise.   [46 b]
Li rois, cui molt an grieve et poise
en a la reïne apelee,
qui apoier s'estoit alee   5012
a mont as loges de la tor :
por Deu, li dist, le criator,
que ele departir les lest.
« Tot quan que vos an siet et plest,   5016
fet la reïne, a boene foi,
ja n'an feroiz rien contre moi. »
Lanceloz a bien antandu
que la reïne a respondu   5020
a ce que li rois li requiert ;
ja puis conbatre ne se quiert,
einz a tantost guerpi le chaple ;
et Meleaganz fiert et chaple   5024
sor lui, que reposer ne quiert ;
et li rois antre deus se fiert
et tient son fil, qui dit et jure
que il n'a de pes feire cure :   5028
« Bataille voel, n'ai soing de peis. »
Et li rois li dit : « Car te teis
et me croi, si feras que sages ;
ja certes hontes ne domages   5032
ne t'an vandra, se tu me croiz ;
mes fei ice que feire doiz
Don ne te sovient il que tu
as an la cort le roi Artu   5036
contre lui bataille arramie ?
Et de ce ne dotes tu mie
que il ne te soit granz enors,

se la te vient, biens plus qu'aillors ? »   5040
Ce dit li rois por essaier
se il le porroit esmaier,
tant qu'il l'apeise et ses depart.
Et Lanceloz, cui molt fu tart   5044
de mon seignor Gauvain trover,
an vient congié querre et rover
au roi, et puis a la reïne.
Par le congié d'ax s'achemine   5048
vers le Pont soz Eve corrant ;
si ot aprés lui rote grant
des chevaliers qui le suioient ;
mes assez de tex i aloient   5052
don bel li fust s'il remassissent.   [46 c]
Lor jornees molt bien fornissent,
tant que le Pont soz Eve aprochent,
mes d'une liue ancor n'i tochent.   5056
Ençois que pres del pont venissent
et que il veoir le poïssent,
uns nains a l'encontre lor vint
sor un grant chaceor, et tint   5060
une corgiee por chacier
son chaceor et menacier.
Et maintenant a demandé
si com il li fu comandé :   5064
« Li quex de voz est Lanceloz ?
Nel me celez, je sui des voz ;
mes dites le seüremant
que por voz granz biens le demant. »   5068
Lanceloz li respont por lui
et dit : « Il meïsmes je sui
cil que tu demandes et quiers.
— Ha ! Lancelot, frans chevaliers,   5072

leisse ces genz, et si me croi :
vien t'an toz seus ansanble o moi,
qu'an molt boen leu mener te voel.
Ja nus ne t'an siue por l'uel,   5076
einz vos atandent ci androit
que nos revandrons or androit. »
Cil qui de nul mal ne se dote
a fet remenoir sa gent tote   5080
et siust le nain qui traï l'a ;
et sa gent qui l'atendent la
le pueent longuemant atandre,
que cil n'ont nul talant del randre   5084
qui l'ont pris et seisi an sont.
Et sa gent si grant duel an font
de ce qu'il ne vient ne repeire
qu'il ne sevent qu'il puissent feire.   5088
Tuit dïent que traïz les a
li nains, et si lor an pesa,
folie seroit de l'anquerre.
Dolant le comancent a querre,   5092
mes ne sevent ou il le truissent,
ne quele part querre le puissent ;
s'an prenent consoil tuit ansanble.
A ce s'acordent, ce me sanble,   5096
li plus resnable et li plus sage,   [46 a]
qu'il an iront jusqu'au passage
del Pont soz Eve, qui est pres,
et querront Lancelot aprés   5100
par le los mon seignor Gauvain,
s'il le truevent n'a bois n'a plain.
A cest consoil trestuit s'acordent,
si bien que de rien ne se tordent.   5104
Vers le Pont soz Eve s'an vont,

et tantost qu'il vienent au pont
ont mon seignor Gauvain veü,
del pont trabuchié et cheü   5108
an l'eve, qui estoit parfonde.
Une ore essort et autre afonde,
or le voient, et or le perdent ;
il vienent la, et si l'aerdent   5112
a rains, a perches et a cros.
N'avoit que le hauberc el dos,
et sor le chief le hiaume assis,
qui des autres valoit bien dis,   5116
et les chauces de fer chauciees
de sa süor anruïlliees,
car molt avoit sofferz travauz,
et mainz perils et mainz asauz   5120
avoit trespassez et vaincuz.
Sa lance estoit, et ses escuz
et ses chevax, a l'autre rive.
Mes ne cuident pas que il vive   5124
cil qui l'ont tret de l'eve fors ;
car il en avoit molt el cors,
ne des que tant qu'il l'ot randue
n'ont de lui parole antandue.   5128
Mes quant sa parole et sa voiz
rot son cuer delivre et sa doiz,
qu'an le pot oïr et antandre,
au plus tost que il s'i pot prandre   5132
a la parole, se s'i prist :
lués de la reïne requist
a ces qui devant lui estoient
se nule novele an savoient.   5136
Et cil qui li ont respondu,
d'avoec le roi Bademagu

dïent qu'ele ne part nule ore,
qui molt la sert, et molt l'enore.   5140
« Vint la puis nus an ceste terre,   [46 b]
fet mes sire Gauvains, requerre ? »
Et il respondirent : « Oïl !
Lanceloz del Lac, font se il,   5144
qui passa au Pont de l'Espee ;
si l'a resqueusse et delivree,
et, avoec, nos autres trestoz ;
mes traïz nos en a uns goz,   5148
uns nains boçus et rechigniez :
laidemant nos a engigniez,
qui Lancelot nos a fortret ;
nos ne savons qu'il a mesfet.   5152
— Et quant ? fet mes sire Gauvains.
— Sire, hui, nos a ce fet li nains,
molt pres de ci, quant il et nos
venïemes ancontre vos.   5156
— Et comant s'est il contenuz
puis qu'an cest païs fu venuz ? »
Et cil li comancent a dire ;
si li recontent tire a tire   5160
si c'un tot seul mot n'i oblïent ;
et de la reïne li dïent
qu'ele l'atant, et dit por voir
que riens ne la feroit movoir   5164
del païs, tant qu'ele le voie,
por novele que ele en oie.
Mes sire Gauvains lor respont :
« Quant nos partirons de cest pont,   5168
irons nos querre Lancelot ? »
N'i a un seul qui mialz ne lot
qu'a la reïne aillent ençois :

si le fera querre li rois ;   5172
car il cuident qu'an traïson
l'äit fet ses filz metre an prison,
Meleaganz, qui molt le het.
Ja en leu, se li rois le set,   5176
ne sera qu'il nel face randre ;
des ore se pueent atandre.
A cest consoil tuit s'acorderent,
tant que vers la cort s'aprocherent,   5180
ou la reïne et li rois erent,
et tot maintenant s'aroterent
et Kex avoec, li seneschax,
et s'i estoit li desleax,   5184
de traïsons plains et conblez,   [46 c]
qui molt laidemant a troblez
por Lancelot toz ces que vienent.
Por mort et por traï se tienent,   5188
s'an font grant duel, que molt lor poise.
N'est pas la novele cortoise
qui la reïne cest duel porte ;
neporquant ele s'an deporte   5192
au plus belemant qu'ele puet.
Por mon seignor Gauvain l'estuet
auques esjoïr, si fet ele.
Et neporquant mie ne cele   5196
son duel, que auques n'i apeire.
Et joie et duel li estuet feire :
por Lancelot a le cuer vain,
et contre mon seignor Gauvain   5200
mostre sanblant de passejoie.
N'i a nul qui la novele oie,
ne soit dolanz et esperduz,
de Lancelot qui est perduz.   5204

De mon seignor Gauvain eüst
li rois joie, et molt li pleüst
sa venue et sa conuissance ;
mes tel duel a, et tel pesance,   5208
de Lancelot qui est traïz,
que maz en est et esbaïz.
Et la reïne le semont
et prie qu'a val et a mont   5212
par sa terre querre le face,
tot sanz demore et sanz espace,
et mes sire Gauvains et Qués :
un trestot seul n'i a remés   5216
qui de ce nel prit et semoingne.
« Sor moi lessiez ceste besoigne,
fet li rois, si n'an parlez ja,
que j'en fu preiez grant piece a ;   5220
tot sanz proiere et sanz requeste
ferai bien feire ceste anqueste. »
Chascuns l'en ancline et soploie ;
li rois maintenant i envoie,   5224
par son rëaume, ses messages
sergenz bien coneüz et sages,
qui ont par tote la contree
de lui novele demandee.   5228
Par tot ont la novele anquise,   [47 a]
mes n'en ont nule voire aprise ;
n'an troverent point, si s'an tornent
la ou li chevalier sejornent,   5232
Gauvains, et Kex, et tuit li autre,
qui dïent que lance sor fautre,
trestuit armé, querre l'iront ;
ja autrui n'i anvoieront.   5236
Un jor aprés mangier estoient

tuit an la sale ou il s'armoient,
s'estoit venu a l'estovoir,
qu'il n'i avoit que del movoir,   5240
quant uns vaslez leanz antra
et par mi aus oltre passa
tant qu'il vint devant la reïne,
qui n'avoit pas color rosine,   5244
que por Lancelot duel avoit
tel, don noveles ne savoit,
que la color en a müee.
Et li vaslez l'a salüee,   5248
et le roi qui de li fu pres,
et puis les autres toz aprés,
et Queus et mon seignor Gauvain.
Unes letres tint an sa main,   5252
ses tant le roi, et il les prant.
A tel qui de rien n'i mesprant
les fist li rois, oiant toz, lire.
Cil qui les lut lor sot bien dire   5256
ce qu'il vit escrit an l'alue,
et dit que Lanceloz salue
le roi, come son boen seignor,
si le mercie de l'enor   5260
qu'il li a fet et del servise,
come cil qui est a devise
trestoz an son comandemant.
Et sachiez bien certainnemant   5264
qu'il est avoec le roi Artu,
plains de santé et de vertu,
et dit qu'a la reïne mande
c'or s'an vaigne, se le comande,   5268
et mes sire Gauvains et Ques ;
et si a entresaignes tes

qu'il durent croire, et bien le crurent.
Molt lié et molt joiant an furent :   5272
de joie bruit tote la corz,   [47 b]
et l'andemain, quant il ert jorz,
dïent qu'il s'an voldront torner.
Et quant ce vint a l'ajorner,   5276
si s'aparoillent et atornent :
lievent et montent, si s'an tornent.
Et li rois les silt et conduit
a grant joie et a grant deduit   5280
une grant piece de la voie.
Fors de sa terre les convoie,
et quant il les en ot fors mis,
a la reïne a congié pris,   5284
et puis a toz comunemant.
La reïne molt sagemant
au congié prandre le mercie
de ce que il l'a tant servie ;   5288
et ses deus bras au col li met,
se li offre et si li promet
son servise et le son seignor :
ne li puet prometre graignor.   5292
Et mes sire Gauvains ausi
com a seignor et a ami ;
et Kex ausi, tuit li prometent.
Tantost a la voie se metent :   5296
si les comande a Deu li rois ;
toz les autres aprés ces trois
salue, et puis si s'an retorne.
Et la reïne ne sejorne.   5300
nul jor de tote la semainne,
ne la rote que ele an mainne,
tant qu'a la cort vient la novele

qui au roi Artus fu molt bele   5304
de la reïne qui aproiche,
et de son neveu li retoiche
grant joie au cuer et grant leesce,
qu'il cuidoit que par sa proesce   5308
soit la reïne revenue,
et Kex, et l'autre genz menue ;
mes autremant est qu'il ne cuident.
Por aus tote la vile vuident,   5312
si lor vont trestuit a l'encontre,
et dit chascuns qui les ancontre,
ou soit chevaliers ou vilains :
« Bien vaingne mes sire Gauvains,   5316
qui la reïne a ramenee,   [47 c]
et mainte dame escheitivee,
et maint prison nos a randu. »
Et Gauvains lor a respondu   5320
« Seignor, de neant m'alosez ;
del dire hui mes vos reposez
qu'a moi nule chose n'an monte.
Ceste enors me fet une honte,   5324
que je n'i ving n'a tans n'a ore ;
failli i ai par ma demore.
Mes Lanceloz a tans i vint,
cui si granz enors i avint   5328
qu'ainz n'ot si grant nus chevaliers.
— Ou est il donc, biax sire chiers,
quant nos nel veons ci elués ?
— Ou, fet mes sire Gauvains lués ?   5332
A la cort mon seignor le roi ;
don n'i est il ? — Nenil, par foi,
ne an tote ceste contree,
puis que ma dame an fu menee,   5336

nule novele n'an oïmes. »
Et mes sire Gauvains lors primes
sot que les letres fausses furent,
qui les traïrent et deçurent ;   5340
par les letres sont deceü.
Lors resont a duel esmeü :
a cort vienent, lor duel menant ;
et li rois trestot maintenant   5344
anquiert noveles de l'afaire.
Assez fu qui li sot retraire
comant Lanceloz a ovré,
comant par lui sont recovré   5348
la reïne et tuit si prison,
comant et par quel traïson
li nains lor anbla et fortrest.
Ceste chose le roi desplest   5352
et molt l'an poise, et molt l'an grieve,
mes joie le cuer li sozlieve
qu'il a si grant de la reïne,
que li diax por la joie fine ;   5356
quant la rien a que il plus vialt,
del remenant petit se dialt.
   Demantres que fors del païs
fu la reïne, ce m'est vis,   5360
pristrent un parlemant antr'eles   [47 a]
li dameisel, les dameiseles,
qui desconseilliees estoient,
et distrent qu'eles se voldroient   5364
marïer molt prochienemant,
s'anpristrent a cel parlemant
une ahatine et un tornoi.
Vers celi de Pomelegoi   5368
l'anprist la dame de Noauz.

De cels qui le feront noauz
ne tandront parole de rien,
mes de ces qui le feront bien   5372
dïent que les voldront amer ;
sel feront savoir et crïer
par totes les terres prochienes
et autresi par les loingtienes,   5376
et firent a molt lonc termine
crïer le jor de l'ahatine
por ce que plus i eüst genz.
Et la reïne vint dedenz   5380
le termine que mis i orent ;
et maintenant qu'eles le sorent
que la reïne estoit venue,
la voie ont cele part tenue   5384
les plusors tant qu'a la cort vindrent
devant le roi, et si le tindrent
molt an grant c'un dun lor donast
et lor voloir lor otreast.   5388
Et il lor a acreanté,
ainz qu'il seüst lor volanté,
qu'il feroit quan qu'eles voldroient.
Lors li distrent qu'eles voloient   5392
que il sofrist que la reïne
venist veoir lor ahatine.
Et cil qui rien veher ne sialt
dist que lui plest, s'ele le vialt.   5396
Celes qui molt liees an sont
devant la reïne s'an vont,
si li dïent eneslepas :
« Dame, ne nos retolez pas   5400
ce que li rois nos a doné. »
Et ele lor a demandé :

« Quex chose est ce ? Nel me celez. »
Lors li dïent : « Se vos volez   5404
a nostre ahatine venir,   [47 b]
ja ne vos an quiert retenir
ne ja nel vos contredira. »
Et ele dist qu'ele i ira,   5408
des que il le congié l'an done.
Tantost par tote la corone
les dameiseles an envoient
et mandent que eles devoient   5412
amener la reïne au jor
qui estoit crïez de l'estor.
La novele par tot ala
et loing et pres, et ça et la ;   5416
s'est tant alee et estandue
qu'el rëaume fu espandue
don nus retorner ne soloit ;
mes ore, quiconques voloit   5420
avoit et l'antree et l'issue,
et ja ne li fust desfandue.
Tant est par le rëaume alee
la novele, dite et contee,   5424
qu'ele vint chiés un seneschal
Meleagant le desleal,
le traïtor, que max feus arde !
Cil avoit Lancelot an garde :   5428
chiés lui l'avoit an prison mis
Meleaganz, ses anemis,
qui le haoit de grant haïne.
La novele de l'anhatine   5432
sot Lanceloz, l'ore et le terme,
puis ne furent si oil sanz lerme
ne ses cuers liez, que il le sot,

Dolant et pansif Lancelot   5436
vit la dame de la meison,
sel mist a consoil a reison :
« Sire, por Deu et por vostre ame,
voir me dites, fet li la dame,   5440
por coi vos estes si changiez.
Vos ne bevez ne ne mangiez,
ne ne vos voi joer ne rire ;
seüremant me poez dire   5444
vostre panser et vostre enui.
— Ha ! dame, se je dolanz sui,
por Deu, ne vos an merveilliez.
Voir que trop sui desconseilliez,   5448
quant je ne porrai estre la   [47 c]
ou toz li biens del mont sera :
a l'ahatine ou toz asanble
li puebles, ensi con moi sanble.   5452
Et neporquant, s'il vos pleisoit
et Dex tant franche vos feisoit
que vos aler m'i leissessiez,
tot certeinnemant seüssiez   5456
que vers vos si me contanroie
qu'an vostre prison revandroie.
— Certes, fet ele, jel feïsse
molt volantiers, se n'i veïsse   5460
ma destrucïon et ma mort.
Mes je criem mon seignor si fort,
Meleagant le deputaire,
que je ne l'oseroie faire,   5464
qu'il destruiroit mon seignor tot.
N'est mervoille se jel redot,
qu'il est si fel con vos savez.
— Dame, se vos peor avez   5468

que je, tantost aprés l'estor,
an vostre prison ne retor,
un seiremant vos an ferai
dom ja ne me parjurerai,   5472
que ja n'iert riens qui me detaingne
qu'an vostre prison ne revaigne
maintenant aprés le tornoi.
— Par foi, fet ele, et je l'otroi   5476
par un covant. — Dame, par quel ? »
Ele respont : « Sire, par tel
que le retor me jureroiz
et avoec m'aseüreroiz   5480
de vostre amor, que je l'avrai.
— Dame, tote celi que j'ai
vos doing je voir au revenir.
— Or m'an puis a neant tenir,   5484
fet la dame tot an rïant ;
autrui, par le mien escïant,
avez bailliee et comandee
l'amor que vos ai demandee.   5488
Et neporcant sanz nul desdaing,
tant con g'en puis avoir, s'an praing
A ce que je puis m'an tandrai,
et le sairemant an prandrai,   5492
que vers moi si vos contendroiz   [48 a]
que an ma prison revandroiz. »
    Lanceloz tot a sa devise
le sairemant sor sainte eglise   5496
li fet, qu'il revandra sanz faille.
Et la dame tantost li baille
les armes son seignor, vermoilles,
et le cheval qui a mervoilles   5500
estoit biax et forz et hardiz.

Cil monte, si s'an est partiz,
armez d'unes armes molt beles,
trestotes fresches et noveles ;   5504
s'a tant erré qu'a Noauz vint.
De cele partie se tint
et prist fors de la vile ostel.
Einz si prodom n'ot mes itel,   5508
car molt estoit petiz et bas ;
mes herbergier ne voloit pas
an leu ou il fust coneüz.
Chevaliers boens et esleüz   5512
ot molt el chastel amassez ;
mes plus en ot defors assez,
que por la reïne en i ot
tant venu que li quinz n'i pot   5516
ostel avoir dedanz recet ;
que por un seul en i ot set
don ja un tot seul n'i eüst
se por la reïne ne fust.   5520
Bien cinc liues tot an viron
se furent logié li baron
es trez, es loges, et es tantes.
Dames et dameiseles gentes   5524
i rot tant que mervoille fu.
Lanceloz ot mis son escu
a l'uis de son ostel defors,
Et il, por aeisier son cors,   5528
fu desarmez et se gisoit
en un lit qu'il molt po prisoit,
qu'estroiz ert, et la coute tanve
coverte d'un gros drap de chanve.   5532
Lancelóz trestoz desarmez
s'estoit sor ce lit acostez.

La ou il jut si povremant,
a tant ez vos un garnemant,   5536
un hyraut d'armes, an chemise,   [48 b]
qui an la taverne avoit mise
sa cote avoec sa chauceüre,
et vint nuz piez grant aleüre,   5540
desafublez contre le vant ;
l'escu trova a l'uis devant,
si l'esgarda ; mes ne pot estre
qu'il coneüst lui ne son mestre,   5544
ne set qui porter le devoit.
L'uis de la meison overt voit,
s'antre anz, et vit gesir el lit
Lancelot, et puis qu'il le vit   5548
le conut, et si s'an seigna.
Et Lanceloz le regarda,
et desfandi qu'il ne parlast
de lui, an leu ou il alast ;   5552
que, s'il disoit qu'il le seüst,
mialz li vandroit que il s'eüst
les ialz treiz ou le col brisié.
« Sire, je vos ai molt prisié,   5556
fet li hyrauz, et toz jorz pris ;
ne ja tant con je soie vis
ne ferai rien por nul avoir
don mal gré me doiez savoir. »   5560
Tantost de la meison s'an saut,
si s'an vet, criant molt an haut ;
« Or est venuz qui l'aunera !
Or est venuz qui l'aunera ! »   5564
Ice crioit par tot li garz,
et genz saillent de totes parz,
se li demandent que il crie.

Cil n'est tant hardiz que le die,   5568
einz s'an va criant ce meïsmes ;
et sachiez que dit fu lors primes
« Or est venuz qui l'aunera ! »
Nostre mestre an fu li hyra   5572
qui a dire le nos aprist,
car il premieremant le dist.

La sont assanblees les rotes,
la reïne et les dames totes   5576
et chevalier et autres genz,
car molt i avoit des sergenz
de totes parz destre et senestre.
La ou li tornoiz devoit estre   5580
ot unes granz loges de fust,   [48 c]
por ce que la reïne i fust
et les dames et les puceles :
einz nus ne vit loges si beles,   5584
ne si longues ne si bien faites.
La si se sont l'andemain traites
trestotes, aprés la reïne,
que veoir voldront l'ahatine   5588
et qui mialz le fera ou pis.
Chevalier vienent dis et dis,
et vint, et vint, et trante, et trante,
ça .iiij xx. et ça nonante,   5592
ça cent, ça plus et ça deus tanz ;
si est l'asanblee si granz
devant les loges et an tor
que il ancomancent l'estor.   5596
Armé et desarmé asanblent ;
les lances un grant bois resanblent,
que tant en i font aporter
cil qui s'an vuelent deporter,   5600

qu'il n'i paroit se lances non
et banieres et confanon.
Li josteor au joster muevent,
qui conpaignons asez i truevent   5604
qui por joster venu estoient.
Et li autre se raprestoient
de faire autres chevaleries.
Si sont plainnes les praeries   5608
et les arees et li sonbre,
que l'an n'en puet esmer le nonbre
des chevaliers, tant en i ot.
Mes n'i ot point de Lancelot   5612
a cele premiere asanblee ;
mes quant il vint par mi la pree,
et li hirauz le voit venir,
de crier ne se pot tenir :   5616
« Veez celui qui l'aunera !
Veez celui qui l'aunera ! »
Et l'an demande : « Qui est il ? »
Ne lor an vialt rien dire cil.   5620
Quant Lanceloz an l'estor vint,
il seus valoit des meillors vint,
sel comance si bien a feire
que nus ne puet ses ialz retreire   5624
de lui esgarder, ou qu'il soit.   [48 a]
Devers Pomelesglai estoit
uns chevaliers preuz et vaillanz,
et ses chevax estoit saillanz   5628
et corranz plus que cers de lande :
cil estoit filz le roi d'Irlande
qui molt bien et bel le feisoit ;
mes quatre tanz a toz pleisoit   5632
li chevaliers qu'il ne conoissent.

Trestuit de demander s'angoissent :
« Qui est cil qui si bien le fet ? »
Et la reïne a consoil tret   5636
une pucele cointe et sage
et dit : « Dameisele, un message
vos estuet feire, et tost le feites
a paroles briemant retraites.   5640
Jus de ces loges avalez ;
a ce chevalier m'an alez
qui porte cel escu vermoil ;
et si li dites a consoil   5644
que « au noauz » que je li mant. »
Cele molt tost et saigemant
fet ce que la reïne vialt.
Après le chevalier s'aquialt   5648
tant que molt prés de lui s'est jointe ;
si li dist come sage et cointe
qu'il ne l'ot veisins ne veisine :
« Sire, ma dame la reïne   5652
par moi vos mande, et jel vos di,
que « au noauz ». Quant cil l'oï,
si li dist que molt volantiers,
come cil qui est suens antiers.   5656
Et lors contre un chevalier muet
tant con chevax porter le puet,
et faut, quant il le dut ferir ;
n'onques puis jusqu'a l'anserir   5660
ne fist s'au pis non que il pot
por ce qu'a la reïne plot.
Et li autres qui le requiert
n'a pas failli, einçois le fiert   5664
grant cop, roidemant s'i apuie,
et cil se met lors a la fuie ;

ne puis cel jor vers chevalier
ne torna le col del destrier ;   5668
por a morir rien ne feïst   [48 *b*]
se sa grant honte n'i veïst,
et son leit, et sa desenor,
et fet sanblant qu'il ait peor   5672
de toz ces qui vienent et vont.
Et li chevalier de lui font
lor risees et lor gabois,
qui molt le prisoient ainçois.   5676
Et li hirauz qui soloit dire :
« Cil les vaintra trestoz a tire ! »
est molt maz, et molt desconfiz,
qu'il ot les gas et les afiz   5680
de ces qui dïent : « Or te tes,
amis, cist ne l'aunera mes.
Tant a auné c'or est brisiee
s'aune que tant nos a prisiee. »   5684
Li plusor dïent : « Ce que doit !
Il estoit si preuz or endroit ;
et or est si coarde chose
que chevalier atandre n'ose.   5688
Espoir por ce si bien le fist
que mes d'armes ne s'antremist
se fu si forz a son venir
qu'a lui ne se pooit tenir   5692
nus chevaliers, tant fust senez,
qu'il feroit come forcenez.
Or a tant des armes apris
que ja mes tant com il soit vis   5696
n'avra talant d'armes porter.
Ses cuers nes puet plus andurer
qu'el monde n'a rien si mespoise. »

A la reïne pas n'an poise,   5700
einz an est liee, et molt li plest,
qu'ele set bien, et si s'an test,
que ce est Lanceloz por voir.
Ensi tote nuit jusqu'au soir   5704
se fist cil tenir por coart,
mes li bas vespres les depart :
au departir i ot grant plet
de ces qui mialz l'avoient fet.   5708
Li filz le roi d'Irlande pansse
sanz contredit et sanz desfansse
qu'il ait tot le los et le pris ;
mes laidemant i a mespris   5712
qu'asez i ot de ses parauz.   [48 c]
Neïs li chevaliers vermauz
plot as dames, et as puceles,
aus plus gentes et aus plus beles,   5716
tant qu'eles n'orent a nelui
le jor bahé tant com a lui ;
que bien orent veü comant
il l'avoit fet premieremant,   5720
com il estoit preuz et hardiz ;
puis restoit si acoardiz
qu'il n'osoit chevalier atandre,
einz le poïst abatre et prandre   5724
toz li pires, se il volsist.
Mes a totes et a toz sist
que l'andemain tuit revandront
a l'ahatine, et si prandront   5728
ces cui le jor seroit l'enors
les dameiseles a seignors ;
ensi le dïent et atornent,
a tant vers les ostex s'an tornent ;   5732

et quant il vindrent as ostex
an plusors leus en ot de tex
qui ancomancierent a dire :
« Ou est des chevaliers li pire,   5736
et li neanz, et li despiz ?
Ou est alez ? Ou est tapiz ?
Ou est alez ? Ou le querrons ?
Espoir ja mes ne le verrons ;   5740
que Malvestiez l'en a chacié
dom il a tel fes anbracié
qu'el monde n'a rien si malveise ;
n'il n'a pas tort ; car plus a eise   5744
est uns malvés .c^m. tanz
que n'est uns preuz, uns conbatanz.
Malvestiez est molt aeisiee,
por ce l'a il an pes beisiee,   5748
s'a pris de li quan que il a.
Onques voir tant ne s'avilla
Proesce qu'an lui se meïst
ne que pres de lui s'aseïst ;   5752
mes an lui s'est tote reposte
Malvestiez ; l'a trové tel oste
qui tant l'ainme, et qui tant la sert
que por s'enor la soe pert. »   5756
Ensi tote nuit se degenglent   [49 a]
cil qui de mal dire s'estrenglent.
Mes tex dit sovant mal d'autrui
qui est molt pires de celui   5760
que il blasme et que il despit.
Chascuns ce que lui plest an dit :
et quant ce vint a l'anjornee
refu la genz tote atornee ;   5764
si s'an vindrent a l'anhatine.

Es loges refu la reïne
et les dames et les puceles,
si ot chevaliers avoec eles   5768
assez, qui armes ne porterent,
qui prison ou croisié se erent,
et cil lor armes lor devisent
des chevaliers que il plus prisent.   5772
Antr'ax dïent : « Veez vos or
celui a cele bande d'or
par mi cel escu de bernic ?
C'est Governauz de Roberdic.   5776
Et veez vos celui aprés,
qui an son escu pres a pres
a mise une aigle et un dragon ?
C'est li filz le roi d'Arragon   5780
qui venuz est an ceste terre
por pris et por enor conquerre.
Et veez vos celui dejoste
qui si bien point et si bien joste   5784
a cel escu vert d'une part,
s'a sor le vert point un liepart,
et d'azur est l'autre mitiez :
c'est Ignaures li covoitiez,   5788
li amoreus et li pleisanz.
Et cil qui porte les feisanz
an son escu poinz bec a bec ?
C'est Coguillanz de Mautirec.   5792
Et veez vos ces deus delez
a ces deus chevax pomelez
as escuz d'or as lÿons bis ?
Li uns a non Semiramis   5796
et li autres est ses conpainz,
s'ont d'un sanblant lor escuz tainz.

Et veez vos celui qui porte
an son escu pointe une porte ?   5800
si sanble qu'il s'an isse uns cers.   [49 b]
Par foi, ce est li rois Yders. »
Ensi devisent des les loges :
« Cil escuz fu fez a Lymoges,   5804
si l'an aporta Piladés
qui an estor vialt estre adés
et molt le desirre et golose.
Cil autres fu fez a Tolose   5808
et li lorains et li peitrax,
si l'en aporta cuens d'Estrax.
Cil vint de Lÿon sor le Rosne :
n'a nul si boen desoz le trosne,   5812
si fu por une grant desserte
donez Taulas de la Deserte
qui bel le porte et bien s'an cuevre.
Et cil autres si est de l'uevre   5816
d'Engleterre, et fu fez a Londres,
ou vos veez ces deus arondres
qui sanblent que voler s'an doivent,
mes ne se muevent, ainz reçoivent   5820
mainz cos des aciers poitevins :
sel porte Thoas li meschins. »
Ensi devisent et deboissent
les armes de ces qu'il conoissent ;   5824
mes de celui mie n'i voient
qu'an tel despit eü avoient,
si cuident qu'il s'an soit anblez
quant a l'estor n'est assanblez.   5828
Quant la reïne point n'an voit,
talanz li prist qu'ele l'anvoit
les rans cerchier tant qu'an le truisse.

Ne set cui envoier i puisse   5832
qui mialz le quiere de celi
qui hier i ala de par li.
Tot maintenant a li l'apele,
si li dit : « Alez, dameisele,   5836
monter sor vostre palefroi.
Au chevalier d'ier vos envoi,
sel querez tant que vos l'aiez.
Por rien ne vos an delaiez,   5840
et tant si li redites or
qu' « au noauz » le reface ancor.
Et quant vos l'en avroiz semons
s'antandez bien a son respons. »   5844
Cele de rien ne s'en retarde,   [49 c]
qui bien s'estoit donee garde
le soir quel part il torneroit,
por ce que sanz dote savoit   5848
qu'ele i reseroit anvoiee.
Par mi les rans s'est avoiee
tant qu'ele vit le chevalier ;
si lit vet tantost conseillier   5852
que ancor « au noauz » le face,
s'avoir vialt l'amor et la grace
la reïne, qu'ele li mande.
Et cil : « Des qu'ele le comande,   5856
li respont, la soe merci. »
Tantost cele se departi ;
et lors comancent a huier
vaslet, sergent et escuier   5860
et dïent tuit : « Veez mervoilles,
de celui as armes vermoilles ;
revenuz est ; mes que fet il ?
Ja n'a el monde rien tant vil,   5864

si despite, ne si faillie.
Si l'a malvestiez an baillie
qu'il ne puet rien contre li faire. »
Et la pucele s'an repaire,   5868
s'est a la reïne venue,
qui molt l'a corte et pres tenue
tant que la responsse ot oïe,
dom ele s'est molt esjoïe   5872
por ce c'or set ele sanz dote
que ce est cil cui ele est tote
et il toz suens sanz nule faille.
A la pucele dit qu'ele aille   5876
molt tost arriere et si li die
qu'ele li comande et prie
que « au mialz » face qu'il porra.
Et cele dit qu'ele ı ira   5880
tot maintenant sanz respit querre.
Des loges est venue a terre
la ou ses garçons l'atandoit,
qui son palefroi li gardoit ;   5884
et ele monte, si s'an va
tant que le chevalier trova ;
si li ala maintenant dire :
« Or vos mande ma dame, sire,   5888
que tot « le mialz » que vos porroiz. »   [49 a]
Et il respont : « Or li diroiz
qu'il n'est riens nule qui me griet
a feire, des que il li siet ;   5892
que quan que li plest m'atalante ».
Lors ne fu mie cele lante
de son message reporter,
que molt an cuide deporter   5896
la reïne, et esleescier.

Quan qu'ele se pot adrecier
s'est vers les loges adreciee ;
et la reïne s'est dreciee,   5900
se li est a l'ancontre alee ;
mes n'est mie jus avalee
einz l'atant au chief del degré.
Et cele vient, qui molt a gré   5904
li sot son message conter ;
les degrez comance a monter,
et quant ele est venue a li
si li dist : « Dame, onques ne vi   5908
nul chevalier tant deboneire,
qu'il vialt si oltreemant feire
trestot quan que vos li mandez ;
que, se le voir m'an demandez,   5912
autel chiere tot par igal
fet il del bien come del mal.
— Par foi, fet ele, bien puet estre. »
Lors s'an retorne a la fenestre   5916
por les chevaliers esgarder.
Et Lanceloz sanz plus tarder
l'escu par les enarmes prant,
que volentez l'art et esprant   5920
de mostrer tote sa proesce.
Le col de son destrier adresce
et lesse corre antre deus rans.
Tuit seront esbaudi par tans   5924
li deceü, li amusé,
qui an lui gaber ont usé
piece del jor et de la nuit ;
molt s'an sont grant piece deduit   5928
et deporté et solacié.
Par les enarmes anbracié

tint son escu li filz le roi
d'Irlande, et point a grant desroi,   5932
de l'autre part ancontre lui ;   [49 *b*]
si s'antrefierent anbedui
si que li filz le roi d'Irlande
de la joste plus ne demande,   5936
que sa lance fraint et estrosse ;
car ne feri mie sor mosse,
mes sor ais molt dures et seches.
Lanceloz une de ses teches   5940
li a aprise a cele joste,
que l'escu au braz li ajoste
et le braz au costé li serre,
sel porte del cheval a terre.   5944
Et tantost chevalier descochent,
d'anbedeus parz poignent et brochent,
li uns por l'autre desconbrer,
et li autres por l'enconbrer.   5948
Li un lor seignors eidier cuident,
et des plusors les seles vuident
an la meslee et an l'estor ;
mes onques an trestot le jor   5952
Gauvains d'armes ne se mesla
qui ert avoec les autres la ;
qu'a esgarder tant li pleisoit
les proesces que cil feisoit   5956
as armes de sinople taintes,
qu'estre li sanbloient estaintes
celes que li autre feisoient :
envers les soes ne paroient.   5960
Et li hyrauz se resbaudit
tant qu'oiant toz cria et dist :
« Or est venuz qui l'aunera !

Hui mes verroiz que il fera ;   5964
Hui mes aparra sa proesce. »
Et lors li chevaliers s'adresce
son cheval, et fet une pointe
ancontre un chevalier molt cointe,   5968
et fiert si qu'il le porte jus
loing del cheval .c. piez ou plus.
Si bien a faire le comance
et de l'espee et de la lance,   5972
que il n'est hom qui armes port
qu'a lui veoir ne se deport.
Nes maint de ces qui armes portent
s'i redelitent et deportent ;   5976
que granz deporz est de veoir   [49 c]
con fet trabuchier et cheoir
chevax et chevaliers ansanble.
Gaires a chevalier n'asanble   5980
qu'an sele de cheval remaingne,
et les chevax que il gaaigne
done a toz ces qui les voloient.
Et cil qui gaber le soloient   5984
dïent : « Honi somes et mort ;
molt avomes eü grant tort
de lui despire et avillier ;
certes il valt bien un millier   5988
de tex a en cest chanp assez ;
que il a vaincuz et passez
trestoz les chevaliers del monde,
qu'il n'i a un qu'a lui s'aponde. »   5992
Et les dameiseles disoient,
qui a mervoilles l'esgardoient,
que cil les tolt a marïer ;
car tant ne s'osoient fïer   5996

en lor biautez n'an lor richeces,
n'an lor pooirs, n'an lor hauteces,
que por biauté ne por avoir
deignast nule d'eles avoir   6000
cil chevaliers, que trop est prouz.
Et neporquant se font tex vouz
les plusors d'eles, qu'eles dïent
que s'an cestui ne se marïent   6004
ne seront ouan marïees,
n'a mari n'a seignor donees.
Et la reïne qui antant
ce dom eles se vont vantant,   6008
a soi meïsme an rit et gabe ;
bien set que por tot l'or d'Arrabe,
qui trestot devant li metroit,
la meillor d'eles ne prandroit ;   6012
la plus bele ne la plus gente,
cil qui a totes atalante.
Et lor volentez est comune
si qu'avoir le voldroit chascune ;   6016
et l'une est de l'autre jalouse
si con s'ele fust ja s'espouse,
por ce que si adroit le voient,
qu'eles ne pansent ne ne croient   6020
que nus d'armes, tant lor pleisoit,   [50 a]
poïst ce feire qu'il feisoit.
Si bien le fist qu'au departir
d'andeus parz distrent sanz mantir   6024
que n'i avoit eü paroil
cil qui porte l'escu vermoil.
Trestuit le distrent et voirs fu.
Mes au departir, son escu   6028
leissa an la presse cheoir,

la ou greignor la pot veoir,
et sa lance et sa coverture ;
puis si s'an va grant aleüre. 6032
Si s'an ala si en anblee
que nus de tote l'asanblee,
qui la fust, garde ne s'an prist.
Et cil a la voie se mist, 6036
si s'an ala molt tost et droit
cele part don venuz estoit
por aquiter son sairemant.
Au partir del tornoiemant 6040
le quierent et demandent tuit ;
n'an truevent point, car il s'an fuit,
qu'il n'a cure qu'an le conoisse.
Grant duel en ont et grant angoisse 6044
li chevalier, qui an feïssent
grant joie, se il le tenissent.
Et se aus chevaliers pesa
quant il ensi lessiez les a, 6048
les dameiseles, quant le sorent,
asez plus grant pesance en orent,
et dïent que, par saint Johan,
ne se marïeront ouan : 6052
quant celui n'ont qu'eles voloient,
toz les autres quites clamoient ;
l'anhatine ensi departi
c'onques nule n'an prist mari. 6056
Et Lanceloz pas ne sejorne,
mes tost an sa prison retorne.
Et li seneschax vint ençois
de Lancelot deus jorz ou trois, 6060
si demanda ou il estoit.
Et la dame qui li avoit

ses armes vermoilles bailliees,
bien et beles apareilliees,   6064
et son hernois et son cheval,   [50 b]
le voir an dist au seneschal,
comant ele l'ot anvoié
la ou en avoit tornoié,   6068
a l'ahatine de Noauz.
« Dame, voir, fet li seneschauz,
ne poïssiez faire noaus ;
molt m'an vanra, ce cuit, granz maus,   6072
que mes sire Meleaganz
me fera pis que li jaianz
se j'avoie esté perilliez.
Morz an serai et essilliez   6076
maintenant que il le savra,
que ja de moi pitié n'avra.
— Biax sire, or ne vos esmaiez,
fet la dame, mie n'aiez   6080
tel peor, qu'il ne vos estuet ;
riens nule retenir nel puet,
que il le me jura sor sainz
qu'il vanroit, ja ne porroit ainz. »   6084
Li seneschaus maintenant monte,
a son seignor vint, se li conte
tote la chose et l'avanture ;
mes ice molt le raseüre   6088
que il li dit con faitemant
sa fame en prist le sairemant
qu'il revandroit an la prison.
« Il n'an fera ja mesprison,   6092
fet Meleaganz, bien le sai,
et neporquant grant duel en ai
de ce que vostre fame a fait :

je nel volsisse por nul plait   6096
qu'il eüt esté an l'estor.
Mes or vos metez au retor
et gardez, quant il iert venuz,
qu'il soit an tel prison tenuz   6100
qu'il n'isse de la prison fors
ne n'ait nul pooir de son cors ;
et maintenant le me mandez.
— Fet iert si con vos comandez,   6104
fet li seneschax. » Si s'an va ;
et Lancelot venu trova
qui prison tenoit an sa cort.
Uns messages arriere cort,   6108
que li seneschax en anvoie   [50 c]
a Meleagant droite voie :
si li a dit de Lancelot
qu'il est venuz. Et quant il l'ot,   6112
si prist maçons et charpantiers
qui, a enviz ou volantiers,
firent ce qu'il lor comanda ;
les meillors del païs manda,   6116
si lor a dit qu'il li feïssent
une tor, et poinne i meïssent
ençois qu'ele fust tote feite
sor la mer, et la pierre treite ;   6120
que pres de Gorre iqui de lez
an cort uns braz et granz et lez :
en mi le braz une isle avoit
que Melïaganz bien savoit.   6124
La comanda la pierre a traire
et le merrien por la tor faire.
An moins de cinquante et set jorz
fu tote parfeite la torz,   6128

forz et espesse, et longue et lee.
Quant ele fu ensi fondee,
Lancelot amener i fist
et an la tor ensi le mist ;   6132
puis comanda les huis barrer
et fist toz les maçons jurer
que ja par aus, de cele tor,
ne sera parole a nul jor.   6136
Ensi volt qu'ele fust celee,
ne n'i remest huis ne antree
fors c'une petite fenestre.
Leanz covint Lancelot estre,   6140
si li donoit l'an a mangier,
molt povremant et a dongier,
par cele fenestre petite
a ore devisee et dite,   6144
si con l'ot dit et comandé
li fel plains de desleauté.
Or a tot fet quan que il vialt
Meleaganz ; apres s'aquialt   6148
droit a la cort le roi Artu.
Estes le vos ja la venu,
Et quant il vint devant le roi,
molt plains d'orguel et de desroi   6152
a comanciee sa reison :   [50 a]
« Rois, devant toi an ta meison
ai une bataille arramie ;
mes de Lancelot n'i voi mie,   6156
qui l'a enprise ancontre moi.
Et neporquant, si con je doi,
ma bataille, oiant toz, presant,
ces que ceanz voi an presant.   6160
Et s'il est ceanz, avant veingne

et soit tex que covant me teigne
an vostre cort d'ui en un an.
Ne sai s'onques le vos dist l'an   6164
an quel meniere et an quel guise
ceste bataille fu anprise ;
mes je voi chevaliers ceanz,
qui furent a noz covenanz,   6168
et bien dire le vos savroient,
se voir reconuistre an voloient.
Mes se il le me vialt noier,
ja n'i loierai soldoier,   6172
einz le mosterrai vers son cors. »
La reïne qui seoit lors
delez le roi, a soi le tire
et si li encomance a dire :   6176
« Sire, savez vos qui est cist ?
C'est Melïaganz qui me prist
el conduit Kex le seneschal :
assez li fist et honte et mal. »   6180
Et li rois li a respondu :
« Dame, je l'ai bien antendu :
je sai molt bien que ce est cil
qui tenoit ma gent an essil. »   6184
La reïne plus n'an parole ;
li rois atorne sa parole
vers Meleagant, si li dit :
« Amis, fet il, se Dex m'aït,   6188
de Lancelot nos ne savons
noveles, don grant duel avons.
— Sire rois, fet Meleaganz,
Lanceloz me dist que ceanz   6192
le troveroie je sanz faille ;
ne je ne doi ceste bataille

semondre s'an vostre cort non ;
je vuel que trestuit cist baron   6196
qui ci sont m'an portent tesmoing   [50 *b*]
que d'ui en un an l'en semoing
par les covanz que nos feïsmes
la ou la bataille anpreïsmes. »   6200
    A cest mot an estant se lieve
mes sire Gauvains, cui molt grieve
de la parole que il ot,
et dit : « Sire, de Lancelot   6204
n'a point an tote ceste terre ;
mes nos l'anvoieromes querre,
se Deu plest, sel trovera l'an,
ençois que veigne au chief de l'an,   6208
s'il n'est morz ou anprisonez.
Et s'il ne vient, si me donez
la bataille, je la ferai :
por Lancelot m'an armerai   6212
au jor, se il ne vient ençois.
— Haï ! por Deu, biax sire rois,
fet Melïaganz, donez li :
il la vialt et je vos an pri,   6216
qu'el monde chevalier ne sai
a cui si volentiers m'essai,
fors que Lancelot seulemant.
Mes sachiez bien certainnemant,   6220
s'a l'un d'aus deus ne me conbat,
nul eschange ne nul rabat
fors que l'un d'aus deus n'an prandroie. »
Et le rois dit que il l'otroie   6224
se Lanceloz ne vient dedanz.
A tant s'an part Meleaganz
et de la cort le roi s'an va :

ne fina tant que il trova   6228
le roi Bademagu son pere.
Devant lui, por ce que il pere
qu'il est preuz et de grant afeire,
comança un sanblant a feire   6232
et une chiere merveilleuse.
Ce jor tenoit cort molt joieuse
li rois a Bade sa cité.
Jorz fu de sa natevité,   6236
por ce la tint grant et pleniere ;
si ot gent de mainte meniere
avoec lui venu plus qu'assez.
Toz fu li palés antassez   6240
de chevaliers et de puceles ;   [50 c]
mes une en i ot avoec eles
don bien vos dirai ça avant
(cele estoit suer Meleagant)   6244
mon pansser et m'antencïon ;
mes n'an vuel feire mancïon,
car n'afiert pas a ma matire
que ci androit an doie dire,   6248
ne je ne la vuel boceier
ne corronpre ne forceier,
mes mener boen chemin et droit.
Et si vos dirai or androit,   6252
ou Meleaganz est venuz,
qui, oiant toz gros et menuz,
dist a son pere molt en haut :
« Pere, fet il, se Dex vos saut,   6256
se vos plest, or me dites voir
se cil ne doit grant joie avoir
et se molt n'est de grant vertu
qui a la cort le roi Artu   6260

par ses armes se fet doter. »
Li peres, sanz plus escoter,
a sa demande li respont :
« Filz, fet il, tuit cil qui boen sont   6264
doivent enorer et servir
celui qui ce puet desservir,
et maintenir sa conpaignie. »
Lors le blandist et si li prie   6268
et dit c'or ne soit mes teü
por coi a ce amanteü,
qu'il quiert, qu'il vial et dom il vient.
« Sire, ne sai s'il vos sovient,   6272
ce dit ses filz Meleaganz,
des esgarz et des covenanz
qui dit furent et recordé
quant par vos fumes acordé   6276
et moi et Lancelot ansanble
bien vos an manbre, ce me sanble,
que devant plusors nos dist l'an
que nos fussiens au chief de l'an   6280
an la cort Artus prest andui.
G'i alai quant aler i dui,
apareilliez et aprestez
de ce por coi g'i ere alez ;   6284
tot ce que je dui faire fis :   [51 a]
Lancelot demandai et quis,
contre cui je devoie ovrer ;
mes nel poi veoir ne trover :   6288
foïz s'an est et destornez.
Or si m'an sui par tel tornez
que Gauvains m'a sa foi plevie
que se Lanceloz n'est an vie   6292
et se dedanz le terme mis

ne vient, bien m'a dit et promis
que ja respiz pris n'an sera,
mes il meïsmes la fera   6296
ancontre moi por Lancelot.
Artus n'a chevalier qu'an lot
tant con cestui, c'est bien seü ;
mes ainz que florissent seü   6300
verrai ge, s'au ferir venons,
s'au fet s'acorde li renons,
et mon vuel seroit or androit.
— Filz, fet li peres, or en droit   6304
te fez ici tenir por sot.
Or set tex qui devant nel sot
par toi meïsmes ta folie ;
voirs est que boens cuers s'umilie,   6308
mes li fos et li descuidiez
n'iert ja de folie vuidiez.
Filz, por toi le di, que tes teches
par sont si dures et si seches   6312
qu'il n'i a dolçor n'amitié ;
li tuens cuers est trop sanz pitié :
trop es de la folie espris.
C'est ce por coi ge te mespris ;   6316
c'est ce qui molt t'abeissera.
Se tu es preuz, assez sera
qui le bien an tesmoingnera
a l'ore qui besoingnera ;   6320
n'estuet pas prodome loer
son cuer por son fet aloer ;
que li fez meïsmes se loe ;
neïs la monte d'une aloe   6324
ne t'aïde a monter an pris
tes los, mes assez mains t'en pris.

Filz, je te chasti ; mes cui chaut ?
quan qu'an dit a fol petit vaut,   6328
que cil ne se fet fors debatre,
qui de fol vialt folie abatre ;   [51 b]
et biens qu'an anseigne et descuevre
ne valt rien, s'an nel met a oevre,   6332
einz est lués alez et perduz. »
Lors fu duremant esperduz
Meleaganz, et forssené ;
onques home de mere né,   6336
ce vos puis je bien por voir dire,
ne veïstes ausi plain d'ire
com il estoit ; et par corroz
fu ilueques li festuz roz,   6340
car de rien nule ne blandist
son pere, mes itant le dist :
« Est ce songes, ou vos resvez,
qui dites que je sui desvez   6344
por ce se je vos cont mon estre ?
Com a mon seignor cuidoie estre
a vos venuz, com a mon pere ;
mes ne sanble pas qu'il apere,   6348
car plus vilmant me leidoiez,
ce m'est avis, que ne doiez ;
ne reison dire ne savez
por coi ancomancié l'avez.   6352
— Si faz assez. — Et vos de quoi ?
— Que nule rien an toi ne voi
fors seulemant forssan et rage.
Je conuis molt bien ton corage   6356
qui ancor grant mal te fera ;
et dahait qui ja cuidera
que Lanceloz, li bien apris,

qui de toz fors de toi a pris,   6360
s'an soit por ta crieme foïz ;
mes espoir qu'il est anfoïz
ou an tel prison anserrez,
don li huis est si fort serrez   6364
qu'il n'an puet issir sanz congié.
Certes c'est la chose dont gié
seroie duremant iriez
s'il estoit morz ou anpiriez.   6368
Certes trop i avroit grant perte,
se criature si aperte,
si bele, si preuz, si serie,
estoit si a par tans perie ;   6372
mes c'est mançonge, se Deu plest. »   [51 c]
A tant Bademaguz se test ;
mes quan qu'il ot dit et conté
ot antendu et escouté   6376
une soe fille pucele ;
et sachiez bien que ce fu cele
c'or ainz amantui an mon conte,
qui n'est pas liee quant an conte   6380
tex noveles de Lancelot.
Bien aparçoit qu'an le celot,
quant an n'an set ne vant ne voie.
« Ja Dex, fet ele, ne me voie,   6384
quant je ja mes reposerai
jusque tant que je an savrai
novele certainne et veraie. »
Maintenant sanz nule delaie,   6388
sanz noise feire et sanz murmure,
s'an cort monter sor une mure
molt bele et molt soëf portant.
Mes de ma part vos di ge tant,   6392

qu'ele ne set onques quel part
torner, quant de la cort se part ;
n'ele nel set, n'ele nel trueve,
mes el premier chemin qu'el trueve   6396
s'an antre, et va grant aleüre,
ne set ou, mes par avanture,
sanz chevalier et sanz sergent.
Molt se haste, molt est an grant   6400
d'aconsivre ce qu'ele chace ;
molt se porquiert, molt se porchace,
mes ce n'iert ja mie si tost :
n'estuet pas qu'ele se repost,   6404
ne demort an un leu granmant,
s'ele vialt feire avenanmant
ce qu'ele a anpanssé a faire :
c'est Lancelot de prison traire,   6408
s'el le trueve, et feire le puisse.
Mes je cuit qu'ainçois qu'el le truisse
en avra maint païs cerchié,
maint alé, et maint reverchié,   6412
ainz que nule novele an oie.
Mes que valdroit se je contoie
ne ses gistes ne ses jornees ?
Mes tantes voies a tornees   6416
a mont, a val, et sus, et jus,   [51 a]
que passez fu li mois ou plus,
c'onques plus aprandre n'an pot
ne moins qu'ele devant an sot,   6420
et c'est neanz tot an travers.
Un jor s'an aloit a travers
un chanp, molt dolante et pansive,
et vit bien loing, lez une rive,   6424
pres d'un braz de mer, une tor :

mes n'avoit, d'une liue an tor,
meison, ne buiron, ne repeire.
Meleaganz l'ot feite feire   6428
qui Lancelot mis i avoit ;
mes cele neant n'an savoit.
Et si tost com el l'ot veüe,
s'i a si mise sa veüe   6432
qu'aillors ne la torne ne met ;
et ses cuers tres bien li promet
que c'est ce qu'ele a tant chacié :
mes ore an est venue a chié,   6436
qu'a droite voie l'a menee
Fortune, qui tant l'a menee.
   La pucele la tor aproche,
et tant a allé, qu'ele i toche.   6440
Antor va, oroille et escote,
et s'i met s'antencion tote
savoir mon se ele i oïst
chose dont ele s'esjoïst.   6444
A val esgarde, et a mont bee :
si voit la tor et longue et lee ;
mes mervoille a ce que puet estre
qu'ele n'i voit huis ne fenestre,   6448
fors une petite et estroite.
An la tor, qui est haute et droite,
n'avoit eschiele ne degré.
Por ce croit que c'est fet de gré   6452
et que Lanceloz est dedanz ;
mes ainz qu'ele manjut des danz
savra se ce est voirs ou non.
Lors le vet apeler par non :   6456
apeler voloit Lancelot,
mes ce la tarde que ele ot,

andemantiers que se teisoit,
une voiz qui un duel feisoit   6460
an la tor merveilleus, et fort,   [51 b]
qui ne queroit el que la mort.
La mort covoite, et trop se diaut :
trop par a mal et morir viaut ;   6464
sa vie et son cors despisoit
a la foiee, si disoit
foiblement, a voiz basse et roe :
« Haï ! Fortune, con ta roe   6468
m'est ore leidemant tornee !
Malemant la m'as bestornee,
car g'iere el mont, or sui el val ;
or avoie bien, or ai mal ;   6472
or me plores, or me rioies.
Las, cheitis, por coi le feisoies
quant ele si tost t'a lessié !
An po d'ore m'a abessié   6476
voiremant, de si haut si bas.
Fortune, quant tu me gabas,
molt feïs mal, mes toi que chaut ?
A neant est comant qu'il aut.   6480
Ha ! sainte Croiz, sainz Esperiz,
con sui perduz, con sui periz !
Ha ! Gauvain, vos qui tant valez,
(con sui del tot an tot alez)   6484
qui de bontez n'avez paroil,
certes, duremant me mervoil
por coi vos ne me secorez !
Certes, trop i par demorez,   6488
si ne feites pas corteisie ;
bien deüst avoir vostre aïe
cil cui tant soliez amer.

Certes, deça ne dela mer,   6492
ce puis je bien dire sanz faille,
n'eüst destor ne repostaille,
ou je ne vos eüsse quis
a tot le moins set anz ou dis,   6496
se je an prison vos seüsse
einz que trové ne vos eüsse.
Mes de coi me vois debatant ?
Il ne vos an est mie a tant   6500
qu'antrer an vuilliez an la poinne.
Li vilains dit bien voir qu'a poinn
puet an mes un ami trover ;
de legier puet an esprover   6504
au besoing qui est boens amis.   [51 c]
Las ! Plus a d'un an qu'an m'a mis
ci an ceste tor an prison.
Gauvain, jel tieng a mesprison,   6508
certes quant lessié m'i avez.
Mes espoir, quant vos nel savez,
espoir que je vos blasme a tort.
Certes, voirs est, bien m'an recort,   6512
et grant oltrage et grant mal fis,
quant jel cuidai, car je sui fis
que por quan que cuevrent les nues
ne fust que n'i fussent venues   6516
voz genz et vos por moi fors traire
de cest mal et de cest contraire,
se vos de voir le seüssiez ;
et feire le redeüssiez   6520
par amor, et par conpaignie,
qu'autremant nel redi je mie.
Mes c'est neanz, ce ne puet estre.
Ha ! De Deu et de saint Cervestre   6524

soit maudiz, et Dex le destine
qui a tel honte me define !
C'est li pires qui soit an vie,
Meleaganz, qui par envie   6528
m'a fet tot le pis que il pot. »
A tant se coise, a tant se tot
cil qui a dolor sa vie use.
Mes lors cele qui a val muse,   6532
quan qu'il ot dit ot entandu ;
n'a plus longuemant atandu,
c'or set qu'ele est bien assenee ;
si l'apele come senee :   6536
« Lancelot », quan qu'el puet et plus,
« Amis, vos qui estes lessus,
parlez a une vostre amie. »
Mes cil dedanz ne l'oï mie.   6540
Et cele plus et plus s'esforce,
tant que cil qui n'a point de force
l'antroï, si s'an merveilla
que puet estre qui l'apela.   6544
La voiz entant, apeler s'ot,
mes qui l'apele il ne le sot :
fantosme cuide que ce soit.
Tot en tor soi garde et porvoit   6548
savoir se il verroit nelui ;   [52 a]
mes ne voit fors la tor et lui.
« Dex, fet il, qu'est ice que j'oi ?
J'oi parler et neant ne voi !   6552
Par foi, ce est plus que mervoille,
si ne dor je pas, ençois voille.
Espoir, s'il m'avenist an songe,
cuidasse que ce fust mançonge ;   6556
mes je voil, et por ce me grieve. »

Lors a quelque poinne se lieve
et va vers le pertuis petit,
belemant, petit et petit ;   6560
et quant il i fu, si s'acoste
sus et jus, de lonc et de coste.
Quant sa veüe a mise fors,
si com il puet esgarde, lors   6564
vit celi qui huchié l'avoit ;
ne la conut, mes il la voit ;
mes cele tantost conut lui,
si li dit : « Lanceloz, je sui   6568
por vos querre de loing venue.
Or est si la chose avenue,
Deu merci, c'or vos ai trové.
Je sui cele qui vos rové   6572
quant au Pont de l'Espee alastes
un don, et vos le me donastes
molt volantiers quant jel vos quis :
ce fu del chevalier conquis   6576
le chief, que je vos fis tranchier,
que je nes point n'avoie chier.
Por ce don, et por ce servise
me sui an ceste poinne mise :   6580
por ce vos metrai fors de ci.
— Pucele, la vostre merci,
fet donques li anprisonez ;
bien me sera guerredonez   6584
li servises que je vos fis,
se je fors de ceanz sui mis.
Se fors de ci me poez metre,
por voir vos puis dire et prometre   6588
que je toz jorz mes serai vostres,
si m'aïst sainz Pos li apostres ;

et se je Deu voie an la face,
ja mes n'iert jorz que je ne face   6592
quan que vos pleira comander.   [52 b]
Ne me savroiz ja demander
chose nule, por que je l'aie,
que vos ne l'aiez sanz delaie.   6596
— Amis, ja de ce ne dotez
que bien n'an soiez fors botez.
Hui seroiz desclos et delivres :
je nel leiroie por mil livres   6600
que fors n'an soiez ainz le jor.
Lors vos metrai a grant sejor,
a grant repos, et a grant aise.
Je n'avrai chose qui vos plaise,   6604
se vos la volez, ne l'aiez.
Ja de rien ne vos esmaiez :
mes ençois me covient porquerre,
ou que soit ci, an ceste terre,   6608
aucun engin, se je le truis,
com puisse croistre cest pertuis
tant que vos issir an puissiez.
— Et Dex doint que vos le truissiez,   6612
fet se cil qui bien s'i acorde ;
et j'ai ceanz a planté corde
que li sergent bailliee m'ont
por traire le mangier a mont,   6616
pain d'orge dur et eve troble
qui le cuer et le cors me troble. »
Lors la fille Bademagu
un pic fort, quarré, et agu,   6620
porquiert, et tantost si le baille
celui qui tant an hurte et maille,
et tant a feru et boté,

neporquant s'il li a grevé,   6624
qu'issuz s'an est legieremant.
Or est a grant alegemant,
or a grant joie, ce sachiez,
quant il est de prison sachiez,   6628
et quant il d'iluec se remue
ou tel piece a esté an mue.
Or est au large et a l'essor :
et sachiez bien que por tot l'or   6632
qui est espanduz par le mont,
qui tot le meïst an un mont
et tot li donast et ofrist,
arrieres estre ne volsist.   [52 c]
  Ez vos desserré Lancelot,
qui si ert vains qu'il chancelot
de vanité et de feblece.
Cele si soëf, que nel blece,   6640
le met devant soi sor sa mure,
puis si s'an vont grant aleüre.
Mes la pucele se desvoie
tot de gré, por ce qu'an nes voie ;   6644
et chevalchent celeemant,
car s'ele alast apertemant
espoir assez tost lor neüst
aucuns que ele coneüst ;   6648
et ce ne volsist ele pas.
Por ce eschive les max pas
et est venue a un repeire
ou sovant sejorne et repeire,   6652
por ce que biax estoit et genz.
Et li repeires et les genz
erent an son comant del tot,
si estoit planteïs de tot   6656

li leus, et sains et molt privez.
La est Lanceloz arivez :
et si tost com il fu venuz,
quant il fu de sa robe nuz,   6660
en une haute et bele couche
la pucele soëf le couche,
puis le baigne, puis le conroie
si tres bien que je n'an porroie   6664
la mitié deviser ne dire.
Soëf le menoie et atire
si com ele feïst son pere :
tot le renovele et repere,   6668
tot le remue, tot le change.
Or n'est mie moins biax d'un ange,
n'est mes roigneus n'esgeünez,
mes forz, et biax ; si s'est levez.   6672
Et la pucele quis li ot
robe plus bele qu'ele pot,
dom au lever le revesti ;
et cil lieemant la vesti   6676
plus legiers que oisiax qui vole.
La pucele beise et acole,
puis li dist amïablemant :   [52 a]
« Amie, fet il, seulemant   6680
a Deu et a vos rant merciz
de ce que sains sui et gariz.
Par vos sui de prison estors,
por ce poez mon cuer, mon cors,   6684
et mon servise, et mon avoir,
quant vos plëira, prandre et avoir.
Tant m'avez fet que vostres sui,
mes grant piece a que je ne sui   6688
a la cort Artus mon seignor,

qui m'a portee grant enor ;
et g'i avroie assez a feire.
Or, douce amie deboneire,   6692
par amors si vos prieroie
congié d'aler, et g'i iroie,
s'il vos pleisoit, molt volantiers.
— Lancelot, biax dolz amis chiers,   6696
fet la pucele, jel vuel bien ;
que vostre enor et vostre bien
vuel je par tot et ci et la. »
Un merveilleus cheval qu'ele a,   6700
le meillor c'onques veïst nus,
li done cele, et cil saut sus,
qu'as estriés congié n'an rova :
ne sot mot quant sus se trova.   6704
Lors a Deu qui onques ne mant
s'antrecomandent boenemant.

    Lanceloz s'est mis a la voie
si liez que, se juré l'avoie,   6708
ne porroie por nule painne
dire la joie qu'il demainne
de ce qu'ainsi est eschapez
de la ou il fu antrapez.   6712
Mes or dit sovant et menu
que mar l'a en prison tenu
li traïtres, li forsligniez,
qui est gabez et angigniez,   6716
« et maugré suen an sui je fors. »
Donc jure le cuer et le cors
Celui qui tot le mont cria,
qu'avoir ne richesce n'en a   6720
des Babiloine jusqu'a Gant,
por qu'il leissast Meleagant

eschaper, se il le tenoit   [52 b]
et de lui au desus venoit ;   6724
que trop li a fet leit et honte.
Mes li afeires a ce monte
que par tans en iert a meïsmes ;
car cil Meleaganz meïsmes   6728
qu'il menace et tient ja si cort
estoit ce jor venuz a cort
sanz ce que nus ne le manda.
Quant il i fu, si demanda   6732
tant mon seignor Gauvain qu'il l'ot.
Puis li requiert de Lancelot,
li mauvés traïtres provez
se puis fu veüz ne trovez,   6736
ausi con s'il n'en seüst rien ;
nel feisoit il, nel sot pas bien,
mes il le cuidoit bien savoir.
Et Gauvains li a dit por voir   6740
qu'il nel vit ne il ne vint puis.
« Des qu'ainsi est que je vos truis,
fet Meleaganz, donc venez
et mon covenant me tenez ;   6744
car plus ne vos en atandrai. »
Ce fet Gauvains : « Bien vos randrai,
se Deu plest, ou j'ai ma creance
jusqu'a po vostre covenance.   6748
Bien me cuit a vos aquiter ;
mes se vient a plus poinz giter
et g'en giet plus que ne façoiz,
si m'aïst Dex et sainte Foiz,   6752
quan qu'avra el geu tot an tasche
prendrai, ja n'en avrai relasche. »
Et lors Gauvains sans plus atandre

comande gitier et estandre   6756
iluec un tapiz devant soi.
Isnelemant font sanz esfroi
tot con comant li escuier,
mes sanz grondre et sanz enuier.   6760
de ce qu'il rueve s'antremetent.
Le tapiz prenent, si le metent
cele part ou il comanda ;
cil saut sus, einz n'i aresta,   6764
et de desore armer se rueve
aus vaslez que devant soi trueve,
qui ancors desfublé estoient.   [52 c]
Trois en i ot, qui li estoient,   6768
ne sai ou cosin ou neveu,
por voir bien anseignié et preu ;
cil l'armerent bel, et si bien
qu'il n'a el monde nule rien   6772
dont nus hom reprendre les puisse
por nule rien que il i truisse
en chose qu'il en aient fait.
Quant l'ont armé, li uns d'ax vait   6776
amener un destrier d'Espaigne
tel qui plus tost cort par chanpaigne,
par bois, par tertres et par vax,
que ne fist li boens Bucifax.   6780
El cheval tel con vos oez
monta li chevaliers loez,
Gauvains, li plus bien anseigniez
qui onques fust de main seigniez.   6784
Et ja voloit son escu prandre,
quant il vit devant lui descendre
Lancelot, don ne se gardoit.
A grant mervoille l'esgardoit   6788

por ce que si soudainnemant
est venuz ; et, se je n'an mant,
mervoilles li sont avenues
ausins granz con s'il fust des nues   6792
devant lui cheüz maintenant ;
mes nel va lors riens decevant
ne besoinz qu'il poïst avoir,
quant il voit que c'est il por voir,   6796
qu'a terre ne soit descenduz :
lors li vet ses braz estanduz,
si l'acole, et salue, et beise.
Or a grant joie, or est a eise,   6800
quant son conpaignon a trové.
Et je vos dirai voir prové,
si ne m'an mescreez vos pas,
que Gauvains tot eneslepas   6804
ne volsist pas qu'an l'esleüst
a roi, por ce qu'il ne l'eüst.

Ja set li rois, ja sevent tuit
que Lanceloz, cui qu'il enuit,   6808
qui tel piece a esté gaitiez,
est venuz toz sains et haitiez ;
s'an font grant joie tuit ansanble,   [53 a]
et por lui festoier s'asanble   6812
la corz, qui lonc tans l'a bahé.
N'i a nul tant de grant ahé
ou de petit, joie n'an face.
Joie depiece et si efface   6816
la dolor, qui ençois i ert ;
li diaus s'an fuit, si i apert
joie, qui formant les rapele.
Et la reïne n'i est ele   6820
a cele joie qu'an demainne ?

Oïl voir, tote premerainne.
Comant ? Dex, ou fust ele donques ?
Ele n'ot mes si grant joie onques   6824
com or a de sa bien venue
et ele a lui ne fust venue ?
Si est voir, ele an est si pres
qu'a po se tient, molt s'an va pres,   6828
que li cors le cuer ne sivoit.
Ou est donc ii cuers ? Il beisoit
et conjoïssoit Lancelot.
Et li cors, por coi se celot ?   6832
N'estoit bien la joie anterine ?
A y donc corroz ne haïne ?
Nenil certes, ne tant ne quant,
mes puet cel estre, li auquant :   6836
li rois, li autre, qui la sont,
qui lor ialz espanduz i ont,
aparceüssent tost l'afeire,
s'ainsi, veant toz, volsist feire   6840
tot si con li cuers le volsist ;
et se reisons ne li tolsist
ce fol panser et cele rage,
si veïssent tot son corage ;   6844
lors si fust trop granz la folie.
Por ce reisons anferme et lie
son fol cuer, et son fol pansé ;
si l'a un petit racenssé   6848
et a mis la chose an respit
jusque tant que voie et espit
un boen leu et un plus privé,
ou il soient mialz arivé   6852
que il or ne sont a ceste ore.
Li rois Lancelot molt enore,

et, quant assez l'ot conjoï,   [53 b]
se li dist : « Amis, je n'oï   6856
certes de nul home noveles
piece a qui si me fussent beles
con de vos ; mes molt m'esbaïs
an quel terre, et an quel païs   6860
vos avez si grant piece esté.
Et tot iver et tot esté
vos ai fet querre et sus et jus,
n'onques trover ne vos pot nus.   6864
— Certes, fet Lanceloz, biax sire,
a briés paroles vos puis dire
tot si com il m'est avenu.
Meleaganz si m'a tenu,   6868
li fel traîtres, an prison
des cele ore que li prison
de sa terre furent delivre,
si m'a fet a grant honte vivre   6872
en une tor qui est sor mer ;
la me fist metre et anfermer,
la menasse ancor dure vie
se ne fust une moie amie,   6876
une pucele cui ge fis
un petit servise jadis.
Cele por assez petit don
m'a rendu large guerredon :   6880
grant enor m'a feite, et grant bien.
Mes celui cui je n'aim de rien,
qui cele honte et cest mesfet
m'a porchacié, porquis, et fet,   6884
voldrai randre son paiemant
or androit sanz delaiemant.
Il l'est venuz querre et il l'ait :

n'estuet pas que il se delait   6888
por l'atandre, car trop est prez ;
et je meismes resui prez ;
mes ja Dex ne doint qu'il s'an lot. »
Lors dit Gauvains a Lancelot :   6892
« Amis, fet il, iceste paie
se je vostre deteur la paie,
c'iert assez petite bontez.
Et ausi sui je ja montez   6896
et toz prez, si con vos veez.
Biax dolz amis, ne me veez
cest don, que je requier et vuel. »   [53 c]
Cil dit qu'il se leiroit ainz l'uel,   6900
voire andeus, de la teste traire
einz qu'a ce le poïst atraire.
Bien jure que ja n'avandra ;
il li doit et il li randra,   6904
car de sa main li afïa.
Gauvains voit bien, mestier n'i a
riens nule que dire li sache ;
si desvest son hauberc et sache   6908
de son dos, et toz se desarme.
Lanceloz de ces armes s'arme
tot sanz delai et sanz demore ;
il ne cuide ja veoir l'ore   6912
qu'aquitez se soit et paiez.
N'avra mes bien, s'iert apaiez
Melïaganz, qui se mervoille
oltre reison de la mervoille   6916
qu'il a ses ialz esgarde et voit ;
a bien petit qu'il ne desvoit
et par po n'a le san changié :
« Certes, fet il, fos fui quant gié   6020

n'alai, ençois que ça venisse,
veoir s'ancore le tenisse
an ma prison, et an ma tor
celui qui or m'a fet un tor.   6924
Ha ! Dex, je por coi i alasse ?
Comant, por quel reison cuidasse
que il s'an poïst estre issuz ?
N'est li murs assez fort tissuz   6928
et la torz assez forz et haute ?
N'il n'i avoit pertuis ne faute,
par ou il issir an peüst
s'aïde par defors n'eüst.   6932
Espoir qu'il i fu ancusez ;
or soit que li murs soit usez
et toz cheoiz et toz fonduz,
ne fust il avoec confonduz   6936
et morz, et desmanbrez, et roz ?
Oïl, si m'aïst Dex, trestoz,
s'il fust cheüz, morz fust sanz faille ;
mes je cuit, quan que li murs faille,   6940
faudra, ce cuit, la mers trestote
si qu'il n'en i remandra gote,
ne li monz ne durera plus   [53 a]
s'a force n'est abatuz jus.   6944
Autremant va, n'est pas issi :
aïde ot quant il en issi,
ne s'an est autremant volez ;
bien sui par consant afolez.   6948
Comant qu'il fust, il an est fors ;
mes se m'an gardasse bien lors,
ja ne fust, ne ja n'avenist,
ne ja mes a cort ne venist.   6952
 Mes tart an sui au repantir :

cil qui n'a talant de mantir,
li vilains, dit bien chose estable :
que trop a tart ferme an l'estable   6956
quant li chevax an est menez.
Bien sai c'or serai demenez
a grant honte et a grant laidure,
se assez ne suefre et andure.   6960
Quel sosfrir et quel andurer ?
Mes tant con je porrai durer
li donrai je assez antante,
se Deu plest, a cui j'ai m'atante. »   6964
Ensi se va reconfortant
ne ne demande mes fors tant
qu'il an chanp soient mis ansanble.
Et c'iert par tans, si con moi sanble,   6968
car Lanceloz le va requerre
qui molt tost le cuide conquerre.
Mes, ainz que li uns l'autre assaille,
lor dit li rois que chascuns aille   6972
a val soz la tor an la lande ;
n'a si bele jusqu'an Irlande.
Et il si font ; la sont alé ;
molt furent tost jus avalé.   6976
Li rois i va, et tuit, et totes,
a granz tropiax, et a granz rotes.
La s'an vont tuit ; nus n'i remaint ;
et as fenestres revont maint   6980
chevalier, dames et puceles,
por Lancelot, gentes et beles.
    En la lande un sagremor ot,
si bel que plus estre ne pot ;   6984
molt tenoit place, molt est lez ;
s'est tot antor selonc orlez

de menue erbe fresche et bele,   [53 *b*]
qui an toz tans estoit novele.   6988
soz le sagremor gent et bel
qui fu plantez del tans Abel,
sort une clere fontenele
qui de corre est assez isnele.   6992
Li graviers est et biax, et genz,
et clers, con se ce fust argenz,
et li tuiax, si con ge cuit,
de fin or esmeré et cuit ;   6996
et cort par mi la lande a val,
antre deus bois, par mi un val.
Iluec plest le roi qu'il se siee,
qu'il n'i voit rien qui li dessiee.   7000
Les genz fet treire bien an sus ;
et Lanceloz molt tost cort sus
Melïagant de grant aïr,
con celui cui molt puet haïr.   7004
Mes avant, einz que il le fiere,
li dist a haute voiz et fiere :
« Traiez vos la, je vos desfi !
Et sachiez bien trestot de fi   7008
que ne vos espargnerai point. »
Lors broche son cheval et point
et arriers un petit se trait
tant de place con uns ars trait ;   7012
puis lessent l'uns vers l'autre corre
quan que cheval lor porent corre,
si s'antreferent maintenant
es escuz, qui bien sont taingnant,   7016
qu'il les ont troez et perciez,
mes l'uns ne l'autres n'est bleciez
n'an char conseüz a cele ore.

Lors passent oltre sanz demore,   7020
puis se revont granz cos doner,
quan que chevax puet randoner,
es escuz qui boen sont et fort ;
et il resont de grant esfort,   7024
et chevalier preu et vassal,
et fort et isnel li cheval.
Et a ce qu'il fierent granz cos
sor les escuz qu'il ont as cos,   7028
les lances sont oltre passees
qui fraites ne sont ne quassees,
et sont a force parvenues   [53 c]
de si qu'a lor charz totes nues.   7032
Par grant vertu l'uns l'autre anpaint
qu'a terre se sont jus anpaint,
ne peitrax, ne cengle, n'estriés,
n'i pot eidier, que par derriers   7036
chascuns d'ax la sele ne vuide
et chieent a la terre vuide.
Esfreé an sont li cheval
qui s'an vont a mont et a val ;   7040
li uns regibe, l'autres mort,
que l'uns volsist l'autre avoir mort.
Et li chevalier qui cheïrent
plus tost qu'il porent sus saillirent   7044
et ont tost les espees traites,
qui de letres erent portraites.
Les escuz devant lor vis metent
et des ore mes s'antremetent   7048
comant se puissent domagier
as espees tranchanz d'acier.
Lanceloz nel redote mie,
car il savoit plus d'escremie   7052

la mitié que cil n'an savoit ;
car an s'anfance apris l'avoit.
Andui s'antrefierent granz cos
sor les escuz qu'il ont as cos   7056
et sor les hiaumes d'or barrez,
que fraiz les ont et anbarrez ;
mes Lanceloz le haste fort :
si li done un grant cop et fort   7060
devant l'escu a descovert
el braz destre de fer covert ;
si li a colpé et tranchié.
Et quant il se sant domagié   7064
de sa destre qu'il a perdue,
dist que chier li sera vandue.
S'il an puet leu ne aise avoir,
ne remanra por nul avoir ;   7068
car tant a duel et ire et rage
qu'a bien petit que il n'anrage,
et molt po prise son afeire
s'un malvés geu ne li puet feire.   7072
Vers lui cort, que prendre le cuide,
mes Lanceloz bien se porcuide ;
car a s'espee qui bien taille   [54 a]
li a fet tele osche an s'antraille   7076
dom il ne respassera mais,
einz iert passez avrix et mais ;
que le nasal li hurte as danz
que trois l'en a brisiez dedanz.   7080
Et Melïaganz a tele ire
qu'il ne puet parler ne mot dire,
ne merci demander ne daingne,
car ses fos cuers li desansaingne,   7084
qui trop l'enprisone et anlace.

Lanceloz vient, si li deslace
le hiaume, et la teste li tranche.
Ja mes cist ne li fera ganche :   7088
morz est cheüz, fet est de lui.
Mes or vos di, n'i a celui
qu'ilueques fust, qui ce veïst,
cui nule pitiez an preïst.   7092
Li rois et tuit cil qui i sont
grant joie an demainnent et font.
Lancelot desarment adonques
cil qui plus lié an furent onques,   7096
si l'en ont mené a grant joie.

Seignor, se j'avant an disoie,
ce seroit oltre la matire,
por ce au definer m'atire :   7100
ci faut li romanz an travers.
Godefroiz de Leigni, li clers,
a parfinee LA CHARRETE ;
mes nus hom blasme ne l'an mete   7104
se sor Crestïen a ovré,
car ç'a il fet par le boen gré
Crestïen, qui le comança :
tant en a fet des lors an ça   7108
ou Lanceloz fu anmurez,
tant con li contes est durez.
Tant en a fet, n'i vialt plus metre
ne moins, por le conte mal metre.   7112

CI FAUT LI ROMANS DE LANCELOT
DE LA CHARRETE.

NOTES

I

INITIALES ORNÉES ET LETTRES MONTANTES DU MS. *A*

Les deux grandes initiales ornées et dorées du ms. A se trouvent aux vers 1 (P : début) et 4397 (E : nouvelle rassurante au sujet de la reine) ; leurs corps portent respectivement sur douze et sur cinq lignes. De plus, le texte est divisé par une quarantaine de capitales montantes qui s'étendent sur 2, 3 et (pour les L) même sur 4 vers. L'initiale ornée du premier vers a seule été marquée, dans notre édition, par une lettre de grandeur particulière. Nous avons marqué la place de l'autre initiale ornée et des capitales montantes par des alinéas. Au vers 5359, nous avons aussi marqué un alinéa bien qu'il n'y ait pas là de lettre montante dans le manuscrit de Guiot.

II

PONCTUATION DU MS. *A*

Un point interrogatif ou exclamatif (!) se rencontre après aïe 1070, avoi 3947, ha 209, 2606, 2611, 2824, 2915, 3692, 4197, 4224, 4263, 4318, 4326, 5072, 5446, 6481, 6483, 6524, 6925, hai 6214, 6468 ; — après moi 3945, tu 2589 ; — après non 2767 ; — après chevaliers 2511. Nous avons remplacé ces points par des ! ou des ?, que nous avons aussi

*employés, conjormément au sens probable, dans beaucoup
d'autres cas où le ms. 794 n'avait pas de ponctuation ou
n'avait que des points simples.*

Des points intérieurs se rencontrent dans les cas suivants :
riche. 32 — s'areste. 69 — rois. 70 — ire. 104 — a cort. 107
— vostre. 283 — chevalche. 396 — di. 414 — verrai. 497 —
rote. 557 — amor. 590 — dameisele. 593 — puissant. 631 —
eve. 681 — va. 719 — gué. 739 — voit. 770.

volantiers. 1029 — por coi. 1224 — bel. 1227 — toz. nel
fet. 1234 — ami. 1402 — liez. 1467 — verrai. 1531 — alez.
alez 1536 — joie. 1552 — conbatre. 1612 — savez. 1689.

rien. 2125 — cop. 2173 — mal. cist. 2205 — afiche. 2248
— dame. dame. 2342 — tost. 2378 — lues. 2543 — sire. sire
2549 — piez. 2570 — afichiez. 2573 — armes. 2655 — sires.
dame. 2711 — painne. 2742 — volez. 2805 — conquis. 2810
— cesti. 2836 — couchent. 2982 — matin. 2983.

veoir. 3067 — desire. 3097 — part. 3121 — ire. 3158 —
enor. 3215 — cil. 3297 — autre. 3381 — respit. 3412 — place.
3551 — preu. vos requier. 3652 — ocirroit. 3859 — je lui.
3860 — la. 3918.

Lancelot. 4126 — recorde. 4196 — fole. 4203 — flueve.
4223 — comant. 4228 — oïr. 4256 — comant. 4270 —
voire. 4282 — mercie. 4329 — vit. 4413 — desplest il. 4448
— antrer. 4512 — anz. 4514 — autre. ou c'uns anz entiers.
4539 — beisier. 4675 — vet. 4697 — sopirs. 4703 — ele. 4768
— sai. 4771 — certes. 4844.

voient. 5111 — rains. 5113 — sert. 5140 — quant. 5153
— hui. 5154 — Kex. 5233 — ou. 5332 — il. 5334 — pres.
5416 — trez. 5523 — ert. 5531 — armes. 5537 — et vint.
et vint. et trante. 5591 — noauz. 5654 — maz. 5679 —
dames. 5715 — alez. 5738 — alez. 5739 — ainme. 5755 —
ele. 5855 *(ponctuation non conservée comme étant peu intelli-
gible)* — Irlande. 5932.

eles. 6003 — espesse. 6129 — quiert. qu'il vialt. 6271 —
los. 6326 — set. 6395 — ou. 6398 — a mont. a val. 6417

— alé. 6440 — merveilleuse. 6461 — plores. 6473 — mal. 6479
— tot. 6496 *(non conservé parce qu'inintelligible)* — dit. 6533
— voil. 6557 — don. 6574 — chief. 6577 — don. 6579
— leus. 6657 — servise. 6685 — bel. 6771 — petit. 6815
— rois. 6837 — cuer. 6847 — terre. 6860 — prison. 6923.
hiaume. 7087 — Crestien. 7107.

Dans tous ces cas, à l'exception de deux (voir 5855 et 6496),
nous avons maintenu une ponctuation (virgule, point et virgule
ou autre signe) à la place indiquée par le manuscrit; nous
avons gardé les points d'encadrement des chiffres romains
conservés pour certains nombres, mais nous n'avons pas repro-
duit les points d'abréviation, d'encadrement d'initiales ou de
de fin de page.

Outre les points de fin de page au dernier vers de la troisième
colonne, il y a, dans le manuscrit, à la fin de chacun des vers 1, 2,
3, 4, 694, 1151, 1483, 4868, 6316, un point destiné à marquer
la fin de ces vers, soit qu'ils fussent écrits sur deux lignes
(4 premiers vers) pour laisser sa place à l'initiale ornée,
soit qu'ils fussent suivis sur la même ligne d'un vers d'abord
omis, puis rajouté (1483, 6316), soit enfin parce que la dernière
lettre du vers touche presque l'initiale de la colonne voisine,
et que Guiot a jugé utile de l'en séparer. De ces divers points
nous n'avons pas tenu compte.

Deux autres points, à la fin des vers 4900 et 6014, marquent
une coupe logique ou l'achèvement d'un développement. Enfin,
le point qui termine le vers 5760, et que nous n'avons pas pu
maintenir, était destiné peut-être, comme le point intérieur
signalé ci-dessus du vers 5855, à marquer une insistance sur
le pronom qui précède : « celle-là même », « celui même ».

III

LEÇONS ET PARTICULARITÉS DU MS. *A* NON CONSERVÉES.

La désignation mss *placée entre parenthèses indique que la*
correction apportée au texte est fondée sur l'accord éventuel

d'autres manuscrits contre la copie de Guiot. Les crochets carrés [ ] *encadrent les lettres ou mots exponctués ou rayés par le scribe.*

134 dire *répété* — 290 besoigne nest — *après* 386 [Quant messire G. l'oï] *rayé d'un trait fin* — 611 *répété en tête de la colonne suivante* — 686 deus *mq. (cf. ms. fr.* 12560) — 859 antrevient (*cf.* antrevienent *mss*).

1153 fet [et] ses — 1484 *vers omis puis rajouté sur la même ligne que le précédent* — 1535 *répété en tête de la colonne suivante* — 1589 an eise — 1879 dou s.

2550 deux (trois *mss*) — 2682 s'a a bandon (de randon *mss*) — 2798 besoig.

3097 p. desire (desarme *mss*) — 3316 f. garnir (tarir *ms. fr.* 12560) — 3330 bien *suscrit dans l'interligne* — 3734 loing *suscrit dans l'interligne* — 3783 la nostre m. — 3836 tu *répété* — 3913 gr. feste (presse *mss*). 4057 *répété* — 4304 *répété en tête de la colonne suivante* — 4443 pristrent *(mss très hésitants sur cette rime)* — 4641 p. ongle s'en crena (once se creva *ms. fr.* 12560) — 4891 m'amez (me met *mss*) — 4921 l'osent (l'oent *ms. fr.* 12560).

5009 lor *répété* — 5220 en preiez (car je en sui priez *ms. fr.* 12560) — 5341 les *répété* — 5394 venir veoir (venist *ms. fr.* 12560) — 5861 vermoilles — 5876 pucel — 5984 et cil ch. le s.

6000 meisme[s] — 6044 en a et (en ont *mss*) — 6270 a[s] — 6317 *vers omis, puis rajouté à la fin de* 6316 *et sur la même ligne* — 6320 l'uevre q. — 6335 *vers répété* — 6343 resbez — 6382 quant (qu'au *mss*) — 6522 redi mie (ne le di je m. *mss*) — 6589 jorz *mq. (voir mss)* — 6607 *répété* — 6614 planté de corde *(voir mss)* — 6670 mie *mq. (voir mss)* — 6679 *répété en tête de la colonne suivante* — 6680 fet *répété* — 6807 va sans h (ja set *ms. fr.* 1450, ja fet *ms. fr.* 12560) — 6891 s'an *mq. (voir mss).*

7041 l'autre et mort (l'autres mort *mss*).

IV

Notes critiques et variantes.

209. *La leçon de Guiot paraît impliquer que la reine*, in petto, *s'adresse à Artur, ce que n'ont pas marqué les autres textes* (ha ! ha ! ms. fr. 12560, ha ! amis *ms. de Chantilly ;* se me creüssiez *ms. de Chantilly,* se le seüssiez, *ms. de l'Escorial*) ; *rois ne peut pas dans la pensée de Guenièvre désigner Lancelot qui n'est ni roi ni fils de roi. A s'en tenir à la lettre de la copie de Guiot, Guenièvre semble vouloir dire :* « ô roi Artur, si vous aviez su à quoi la demande de Keu devait aboutir, vous ne l'auriez pas accordée. » *Ce qui laisse supposer que Guenièvre, peut-être avec raison, avait moins d'illusions que d'autres sur les mérites de combattant de Keu. Les manuscrits autres que celui de Guiot s'accordent, pour les vers* 210-21, *sur les leçons suivantes :* ne me (mi *Chantilly*) leississiez sanz chalonge mener un (plain *Chantilly*) pas.

222-223. *Au lieu de ces vers, le ms. fr.* 12560 *a un long passage,* 118 *vers, reproduit par Foerster en petit texte, mais qui ne lui paraît pas, pas plus qu'à nous, pouvoir être de Chrétien, pour des raisons de forme, et qui manquent dans les autres mss comme dans le ms. de Guiot.*

Après 752, *six vers (fr.* 12560*) :*

> mes li chevaliers ne l'ot mie
> et cil tierce foiz li escrie :
> « Chevalier, n'entrez mi el gué
> sor ma desfense et sor mon gré
> que par mon chief je vos ferrai
> si tost come el gué vos verrai.

Cette nouvelle défense n'est pas indispensable ; il y a cependant correspondance entre l'expression tierce foiz *et les* trois foiees *du vers* 780.

755. *A* saut en l'eve, *qui est dans Guiot et dans le ms. de l'Escorial, Foerster a préféré, sans raison décisive,* s. el gué *qui est dans le ms. fr.* 12560.

792. mar le feistes *mss.*

985. un doblier blanc et *fr.* 12560.

Après 1072, *dans les copies autres que celle de Guiot, deux vers non indispensables, mais qui peuvent être originaux :*

> ne troverai qui le m'an ost
> et se tu ne me secors tost

1085-86. *Variantes diverses sur ce passage ; les mss de l'Escorial et de Paris fr.* 12560 *ont :*

> si n'an iert il mie jalos
> ne ja de lui ne sera cos

1128. Si regarde a mont vers le feste *Vatican et Paris fr.* 12560. *Passage obscur et que Foerster n'a pas sensiblement éclairci en adoptant, contre les mss de Guiot et de Chantilly, la leçon* vers le feste *au lieu de* par la fenestre. *Comment Lancelot serait-il amené à tourner ses regards vers le faîte de la salle pour voir venir les épées qui doivent être à hauteur d'homme ? Étant donné que Lancelot s'est rapproché de la porte et qu'il y a passé seulement sa tête et son cou, il semble naturel de comprendre* fenestre *comme désignant non pas une ouverture dans la muraille, mais une partie mobile et non fermée de la porte, telle qu'un judas, ou la partie haute d'une porte coupée en hauteur par le milieu.*

1147. *Au lieu de* ront *les mss fr.* 12560 *et de Chantilly ont :* rest.

1225. S'estoit ele molt bele et gente *fr.* 12560.

1343. *Après* celi querroit volentiers... *Foerster indique la possibilité d'une lacune ; cette supposition n'est pas nécessaire, si l'on entend* celi *comme désignant la plaie, qui se serait éventuellement aggravée.*

1370. *A* ostez *qui est dans Guiot et dans le ms. de Chantilly, Foerster préfère* estez *qui est dans le ms. fr.* 12560.

Mais ostez *est parfaitement admissible pour demander
à quelqu'un d'arrêter le mouvement qu'il avait commencé.*

1514. *Les copies autres que celles de Guiot ont* encontre nos
qu'a *adopté Foerster sans doute pour éviter la rime du
même au même; celle-ci n'en est pas moins admissible,
étant donné la différence de construction de l'interroga-
tion* veez vos *et de la locution adverbiale* ancontre vos.

1524. e. en mor. *mss du Vatican et de l'Escorial,* m'ocirroie
fr. 12560.

*Après 2422 Foerster a inséré, d'après le ms. fr. 12560, deux
vers peu utiles :*

> Quant ceste novele ont oïe
> mout an est lor janz esjoïe.

2550. *Foerster a préféré la leçon* trois ostes. *Le compte des
chevaliers ou valets qui accompagnent Lancelot est très
difficile à faire et il est naturel qu'un copiste s'y soit
trompé.*

Après 3228, Foerster a inséré les deux vers suivants :

> La reïne ! Deus m'an deffande
> que j'an tel guise la li rande !

*qui ne sont pas non plus dans le manuscrit du Vatican
et qui ne sont pas indispensables.*

3273-74 *sont intervertis dans les copies autres que celles de
Guiot.*

3700 a *et* b. *Ces vers manquent à la copie de Guiot, mais sont
dans les autres mss et paraissent utiles.*

3740. *Foerster a marqué d'une croix ce vers dont il ne com-
prenait évidemment pas la liaison avec le reste du pas-
sage. On pourrait entendre que, si Lancelot va vers la
tour où est la reine, ce n'est pas comme il l'eût fait d'ordi-
naire pour lui présenter ses services, car il était obligé
d'arrêter Méléagant dans sa fuite en arrêtant lui-même
sa poursuite, pour rester à distance telle de la tour qu'il
pût continuer à apercevoir la reine.*

4176. *Ce vers doit pouvoir s'entendre ainsi :* « *la vie de Gue-nièvre ne peut durer qu'en raison de la vie de Lancelot* ». *On pourrait rapprocher ce qui est dit ici de Guenièvre des cas si curieux où la mort d'un individu ou sa défaillance entraînent nécessairement la mort de l'être aimé par lui : Aude et Roland, Iseut et Tristan, la châ-telaine de Vergy et son chevalier...*

4276. *Leçon difficile et que Foerster a corrigée en substituant à nos vers 4275-76* la leçon d'autres mss :

> tant que maugré suen m'ocirra.
> Morz qui onques ne desirra

La leçon adoptée par Guiot peut paraître reprise au vers 4270 et sembler en effet redondante. Mais la suite des idées dans la leçon de Foerster n'est pas satisfaisante. Il y faudrait au moins, comme dans la leçon de Guiot, l'indication d'une hypothèse défavorable à laquelle répond la décision de Lancelot. Nous préférons conserver la leçon de Guiot en admettant que le v. 4276 répète intentionnelle-ment le v. 4270, mais insiste sur la difficulté pour Lancelot d'obtenir la mort et sur la violence utile qui lui donne enfin la solution qu'il désire.

5563-64. *Ici et plus loin, aux v. 5571, 5682, 5963, hésitations dans les mss dont les uns ont* l'aunera *comme celui de Guiot et d'autres seulement* aunera.

5704. *Guiot est le seul à nous donner* tote nuit, *les autres manuscrits ayant* tote jor *ou* tot le jor, *mais on sait que* nuit *a pu s'appliquer à la période de temps qui suit l'apparition du matin jusqu'au soir.*

5984. **Et cil chevalier le sivoient :** *telle est la leçon de Guiot* (*cf. ci-dessus,* LEÇONS NON CONSERVÉES) ; *elle est facile à corriger par l'addition du relatif qui se trouve d'ailleurs dans d'autres mss, mais elle reste isolée et par là douteuse. Foerster lui a substitué la leçon du ms. fr.* 12560 : et cil qui gaber le soloient, *correction qui n'est pas indis-pensable.*

6074. *La leçon* jaianz *est dans la copie de Guiot et dans le
ms. fr.* 12560 *qui se séparent ici des autres mss (fr.* 1450
lagans, *Vatican* laganz). *La leçon* lagans *paraît incom-
préhensible;* jaianz *pourrait être un souvenir du géant
Dinabuc qui fait régner la terreur sur tout le pays du
Mont Saint-Michel (Wace,* Brut, *vers* 11288, 11318,
S.*A.T.F.).*

7038. *Dans les mss autres que la copie de Guiot, variantes
diverses destinées peut-être à masquer la répétition de*
vuide.

INDEX DES NOMS PROPRES
ET DES PERSONNAGES NON DÉNOMMÉS

pagne, fille de Louis VII et d'Aliénor d'Aquitaine.

chevalier *(du gué défendu)* 732, 772 ; — chevalier *(inconvenant)* 1065 ; — chevaliers *(ses acolytes)* 1088, 1131, 1171, 1185 ; chevalier *(prétendant de la pucelle)* 1509, 1543, 1558, 1707, fils 1674, 1687, 1712, 1739, 1775, 1834, 1981 ; — chevalier *chenu (père du précédent)* 1649, 1674, 1687, 1710, 1960, peres 1738, 1765, 1793, 1834, 1981 ; — chevalier *(fils du vavasseur de Logres)* 2176, 2245, 2308, 2369, 2411, frere 2396 ; chevalier *(de la bretèche)* 2207 ; — chevalier *(de Gorre, abattu dans la mêlée)* 2384 ; — chevalier *(hôte de Lancelot)* 2511, 2552, oste 2719, 3001, sires 2540, 2603, 2711, 2986, vavasors 2953, 2965 ; — chevalier *(orgueilleux)* 2567, 2765, 2809, 6576 ; — chevalier de la charrete, *v.* LANCELOT ; *v. aussi* MELEAGANT, vavassor.

COGUILLANZ de Mautirec 5792, *Loomis* 481 ; *l'un des jouteurs du tournoi de Noauz.*

contesse 18, 27, *la comtesse de Champagne* ; *v.* Chanpaigne.

Cornoaille 3888, *Cornouaille.*

CRESTIENS 25, 7105, 7107, *Chrétien de Troyes.*

Croiz (sainte) 6481, *la sainte Croix.*

dame 10 ; *v.* Chanpaigne (ma dame de).

dame 5437, 5440, 5485, 6062, 6080 ; fame 6090, 6095, *la femme du sénéchal de Méléagant.*

DAMEDEU 4271, DAMEDEX 4940, 4954 ; DÉ 702, 4343 ; DEU 344, 351, 572, 902, 903, 930, 1260, 1690, 1842, 1939, 2006, 2108, 2244, 2445, 2821, 2911, 2939, 2941, 3085, 3582, 3651, 4072, 4269, 4319, 4494, 4497, 4814, 4932, 6373, 6524, 6571, 6591, 6681, 6705, 6747, 6964 ; DEX 900, 939, 1097, 1112, 1278, 1679, 1694, 1716, 1762, 1854, 2020, 2219, 2342, 2484, 2606, 2611, 2790, 2794, 2826, 2964, 3220, 3227, 3289, 3369, 3528, 3534, 3662, 3697, 3848, 3863, 3873, 4220, 4334, 4347, 4353, 4490, 4492, 4836, 4860, 4866, 4876, 4967, 4975, 4982, 5454, 6188, 6256, 6384, 6525, 6612, 6752, 6823, 6891, 6925, 6938, *Dieu.*

dameisele *(du château de la lance enflammée)* 431, 449, 452, 458, 468, 479, 536, 545, 575, 586, 593 ; — dameisele *(obligeante)* 607, 636, 679 ; — dameisele *(amie du chevalier du gué)* 733, 888, 912 ; — dameisele *(amoureuse)* 933, 936, 962, 1005, 1202, 1211, 1266, 1286, 1357, 1370, 1428, 1447, 1510, 1706, 1843, 1941, 1963, pucele 955, 1034, 1059, 1181, 1243, 1294, 1317, 1375, 1389, 1438, 1496, 1506, 1559, 1603, 1675, 1705, 1713, 1789, 1832, 1945, 1955, 1997, 2011 ; *v.* pucele.

Deserte (TAULAS de la), *v.* TAULAS de la Deserte.

DEU, DEX, *v.* DAMEDEU.

Donbes 1858, *Dombes.*

Engleterre 5817, *Angleterre.*

escuier 2284, 2288, sergenz 2309, *écuyer ou* sergenz *de Logres.*

Espaigne 1651, 6777, *Espagne.*

Irlande 6974 ; li filz le roi d'I.
5630, 5709, 5932, 5935, v. filz.
JASQUE (s.) 1476, *saint Jacques.*
JOHAN (s.) 6051, *Saint Jean.*

KES 162, KEU 164, KEX 41, 43,
82, 97, 132, 141, 146, 150, 154,
158, 187, 191, 211, 238, 259,
4650, 4813, 4818, 4821, 4825,
4833, 4844, 4850, 4854, 4859,
4889, 4923, 5233, 5295, 5310,
KEX le seneschal 4522, 4752,
4765, 4839, 4968, 5183, 6179 ;
QUES 4781, 5215, 5269 ; QUEUS
5251 ; QUEX 3930 ; chevalier
553 ; seneschal 106, 117, 129,
199, 220, 4001, 4003, 4006, 4015,
4622, 4905, *Keu, sénéchal du roi
Artur.*
KEUS d'Estraus 5810 *var. mss,*
v. Estrax (cuens d').

LANCELOT 3666, 3692, 3843, 3884,
3896, 3902, 3907, 3925, 3938,
3942, 3960, 3982, 4006, 4126,
4131, 4142, 4161, 4250, 4411,
4431, 4437, 4902, 4918, 5072,
5100, 5151, 5169, 5187, 5199,
5204, 5209, 5245, 5428, 5436,
5548, 5612, 5621, 6060, 6106,
6111, 6131, 6140, 6156, 6189,
6204, 6212, 6219, 6277, 6286,
6297, 6381, 6408, 6429, 6457,
6537, 6637, 6696, 6787, 6831,
6854, 6892, 6982, 7095 ; LAN-
CELOT de la Charrete *expli-
cit* ; LANCELOZ 3669, 3705, 3714,
3737, 3745, 3779, 3797, 3802,
3805, 3810, 3879, 3891, 3965,
3970, 4004, 4008, 4015, 4071,
4077, 4121, 4397, 4402, 4455,
4469, 4491, 4533, 4583, 4596,
4648, 4669, 4686, 4702, 4912,
4931, 4943, 4953, 4963, 4972,
5019, 5044, 5065, 5258, 5327,

5347, 5433, 5495, 5526, 5533,
5550, 5703, 5918, 5940, 6057,
6192, 6225, 6292, 6359, 6453,
6568, 6658, 6707, 6734, 6808,
6865, 6910, 6969, 7002, 7051,
7059, 7074, 7086, 7109 ; LAN-
CELOZ del Lac 3660, 5144 ; che-
valier de la charrete 24, 867,
2789 ; ch. a la charrete 2717 ;
chevalier 271, 274, 277, 299,
306, 317, 345, 350, 361, 381,
385, 402, 411, 420, 438-39, 442,
476, 499, 517, 525, 528, 541,
560, 588, 683, 737, 787, 803,
1001, 1006, 1071, 1078, 1096,
1163, 1167, 1262, 1283, 1291,
1485, 1581, 1585, 1666, 1701,
1803, 1829, 1841, 1874, 1911,
1923, 1938, 1956, 1962, 1967,
1998, 2023, 2057, 2136, 2185,
2188, 2233, 2251, 2261, 2295,
2382, 2439, 2471, 2619, 2734,
2830, 2925, 2946, 2990, 3156,
3238, 3252, 3261, 3299, 3429,
3463, 3514, 3530, 3653, 3661,
4904, 5642, 5648, 5838, 5851,
5966, 6001 ; chevaliers vermauz
5642, 5714 (*cf.* 6026), *Lancelot du
Lac, chevalier de la Table Ronde.*
Leigni (GODEFROIZ de) 7102,
v. GODEFROIZ de Leigni.
Lendi 1482, *la foire du Lendit.*
Logres 1301, 1930, 2055, 2081,
2290, 2409, 2956, 3517, *Logres,
royaume d'Artur.*
Londres 5817.
LOOYS 1866 ; *Loomis* 486 (*Leones*),
chevalier de la Table Ronde.
Lymoges 5804, *Limoges.*
Lyon sor le Rosne 5811, *Lyon.*

MALVESTIEZ 1102, 5741, 5747,
5754, *Lâcheté.*
MARIES (les trois) 3358.
MARTIN (s.) 1476, *saint Martin.*

Qués 5215, 5269, Queus 5251,
Quex le seneschal 3930, 4781,
v. Kex.

reïne 37, 72, *etc.* ; *v.* Guenievre.
Reisons 365, 371, *la Raison.*
Roberdic (Governauz de) 5776,
v. Governauz.
rois, *v.* Artu, Bademagu.
Rome 2480.
Rosne (le) 5811, *le Rhône.*

Sarrazin 2135.
Semiramis 5796, *Loomis* 490, *un
des jouteurs du tournoi de Noauz.*
seneschal *(du roi Artur)*, *v.* Kes ;
— seneschal 5425, 6059, 6066,
6070, 6085, 6105, 6109 ; seignor
5465, 5499, *le sénéchal de
Méléagant.*
sergenz 2309, *v.* escuier.

Taulas de la Deserte 5814, *Loo-
mis* 490, *un des jouteurs du
tournoi de Noauz.*

Thessaile 968, *Thessalie.*
Thoas li meschins 5822, Connains
var. fr. 1450, *Loomis* 491, *l'un
des jouteurs du tournoi de Noauz.*
Tolose 5808, *Toulouse.*

vavasors 2022, 2035, 2045, 2056,
2076, 2083, 2106, 2116, 2177,
chevalier 2016, pere 2064, sei-
gnor 2062, *un des chevaliers de
Logres captifs au royaume de
Gorre, hôte accueillant de Lan-
celot.*
vavasors 2953, 2965, *hôte de Lan-
celot, v.* chevalier.
Vie 4331, *la vie.*

Yders (li rois) 5802, *cf. Erec* 313,
Loomis 491, *l'un des jouteurs du
tournoi de Noauz.*
Ysoré 1352, *le géant Ysoré.*
Yvains 1866 ; *cf. Erec* 1685, 2174,
Loomis 492 ; *chevalier de la
Table Ronde.*

Erratum

A la page 106, *vers* 3485, *lire* Monpellier *et non* Moncpellier.

GLOSSAIRE [1]

A

abeli 1714 *pas. 3 de* abelir, *faire plaisir.*

abessiee 2966 *p. pa. de* abaissier, *abaisser (la voix), finir de parler.*

abrivé 3496 *adj., en hâte.*

acheson 4340, *sb., motif.*

acline (s') 4584 *pr. 3, se penche.*

acreanté 3417, *p. pa., accordé.*

acreü 2673 *p. pa., emprunté.*

adés 2201, *justement.*

adeser 1247 *inf., toucher à; v.* adoise.

adobé 2252, *p. pa., armé chevalier.*

adoise 1084 *pr. 3 de* adeser.

adreça (s') 1372 *pas. 3;* soi adrecier 5898-99 *inf., se diriger, aller droit.*

aeise (en) 1589, *en situation favorable.*

aert 1152 *pr. 3 de* aerdre, *saisir.*

afeite 3196 *impér. 2 de* soi afeitier, *s'accorder.*

afiz 5680 *sb., moqueries.*

afuble 1013 *pr. 3 de* afubler 2537, *revêtir d'un manteau.*

aguz 3144 *adj., attentif à.*

ahatine 5367, 5378, 5394, 5405, 5451, 5588, 5728; anhatine 5432, 5765; atahine 4427; ateïne 3198, *sb., discussion, tournoi, combat.*

ahé 1649 *sb., âge.*

aloe 2744, 6324 *sb., alouette.*

aloser 3433 *inf., accroître la renommée.*

alue 5257 *sb., peau préparée pour l'écriture; cf.* Thomas, Romania, *XXXIII,* 210.

amander 2750, *améliorer.*

amez 4891 *pr. 5;* amise 4919 *p. pa. fém.;* amis 4380 *p. pa; de* ametre, *imputer.*

anbat 2726 *pr. 3, pénètre, fait pénétrer* ; anbatuz 3329 *p. pa., pénétré.*

anblast 2788 *subj. 3, court l'amble.*

ancele 2823 *sb., servante (la Vierge, servante du Seigneur).*

ancolpe 4900 *pr. 3, accuse* ; ancolpe (s') 4184 *pr. 3, s'accuse.*

ancortinee 4738 *p. pa., garnie de rideaux.*

ancusez 6933, *révélé.*

anel (feite) 3519 *adj., grande (fête), (fête) annuelle.*

anertume 4383, *amertume.*

anfances 1645, *amusements d'enfant.*

angevin 1273 *sb., denier d'Angers.*

angrés 302, 3438 *adj., emporté.*

anhatine, *v.* ahatine.

anjornee 5763 *sb., jour.*

anquiert 3243 *pr. 3 de* anquerre, *rechercher.*

anreidie 2458, 3235, *sb.* discussion obstinée.

anresniee 2544 *p. pa., bien instruite.*

anrievre 3208 *adj., obstiné.*

antant 1242 *pr. 3, obéit* ; antanz 3460 *impér. 2, pense à.*

antemes 3337 *adv., seulement.*

anterine 3850, 4667 *adj., complète.*

antier 1669 *adj., non mêlé.*

antranvaïssent (s') 2700 *subj. 6, s'attaqueraient.*

antraversee 1066 *p. pa., en travers (du lit).*

antremete (s') 1668 *pr. 3, se mêle.*

antrepaient (s') 2690 *pr. 6, échangent.*

anvers 1217 *adj., couché sur le dos.*

anversee 1065 *p. pa., renversée.*

aore 4652 *pr. 3, est en adoration.*

apantoisant 273, *haletant.*

apareillier 3698, *comparer* ; apareilliez 2158 *p. pa., préparé pour.*

aparole 1333 *pr. 3, adresse la parole.*

aponde (s') 5992 *pr. 3, s'oppose, se compare.*

aquialt 378 *pr. 3 de* soi aeoillir, *se mettre à la suite de.*

arçonent 2684 *pr. 6, se courbent.*

arees 5609, *sb., labours.*

aresne 1332 *pr. 3, adresse la parole.*

arondres 5818 *sb., hirondelles.*

aroterent 5182, *pas. 6, se mirent en route.*

arramie 3638, 5036, 6155 *p. pa., convenue.*

asanne 2225 *pr. 3, ajuste.*

atahine, *v.* ahatine.

atandue (sanz) 1010, *délai (sans).*

ateïne, *v.* ahatine.

ator (m') 3183, *pr. 1. de* soi ator-ner, *se diriger vers, se tourner vers.*

atremprez 2368 *p. pa., raisonnable.*

audience (en) 225, *à voix basse.*

aunera 5563-64, 5571, 5617-18, 5963, *fut. 3, mesurera à l'aune.*

ausins 2181 *adv., de même.*

avanpié 3104 *sb., élément de chaussure protégeant le cou de pied.*

avanture 3187 *sb., hasard, accident, circonstance imprévue.*

avers 3549, 4665 *prép., au prix de.*

B

baast 2860 *subj. 3 de* baher, *désirer* ; bahé 5718 *p. pa., attendu, espéré.*

baile 967, 2318, *sb., enceinte fortifiée.*

baillent (se) 2060 *pr. 6, s'offrent.*
balance 530 *pr. 3, secoue.*
bandon (a) 2681, 2682, *en toute liberté.*
barguignier 1749, *marchander.*
barré 2356 *p. pa., fermé à la barre.*
baules 1646 *sb., danses.*
bernic (de) 5775, *de couleur rouge.*
berser 3431, *chasser à l'arc.*
bestornee 6470 *p. pa., mal tournée.*
bien veignanz 3330 *p. pr., bien venu.*
blandist 6268, 6341, *pr. 3, parle gentiment à.*
bliaut 4580 *sb., tunique.*
boceier 6249, *défigurer.*
bot (de) 3302 *adv., entièrement.*
bote anz 1127 *pr. 3, passe* ; botez 4750 *p. pa., poussé du coude.*
braciees 3588 *sb., brasses.*
braidis 205 *adj., rétif.*
brandon 3591 *sb., menu bois.*
bretesche 2200, 2203, 2207 *sb., avancée d'une fortification.*
brist 3029 *subj. 3 de* brisier, *se briser.*
buiron 6427 *sb., cabane, maisonnette.*

C

cemetire 1839, 1853, 1856 *sb., cimetière.*
certe 1896 *adj., certaine.*
cervel 2581 *sb., cervelle.*
cingne 267 *pr. 3, cligne de l'œil.*
chalonge 1119 *sb., discussion.*
chalongier 1596, 1698 *inf.,* chalongiee 3160 *p. pa., de* chalongier, *disputer.*
chancel 1838 *sb., grille.*
chanp cheü 329, 417, *vaincu en champ clos, donc reconnu coupable.*

chaple 5024 *pr. 3, porte des coups.*
char (adeser de) 3363, *(avoir un) contact physique.*
charjable 2565 *adj., désagréable.*
charrete (la) 7103 *sb., Le Roman de la Charrete* ; charrete 320, 321, 334, 340, 346, 357, 374, 379, 392, 403, 428, 443, 2213, 2608, 2736, 2759, 2762, 2771, 4349, 4371, 4485, chevalier de la ch. 867, 2789, cil qui fu sor la ch. 627, cil qui sor la ch. vint 477, a esté an ch. 487, 578, cil qui sor la ch. ot sis 542, qui fu menez sor la ch. 1667, cil qui sor la ch. fu 1818, cil de la ch. 711, chevalier a la ch. 2717 *sb., véhicule d'usage rustique.*
charretent 396 *pr. 6* ; charretez 2612 *p. pa., de* charreter, *transporter en charette.*
charretiers 684 *sb., ici expression plaisante sur le type de chevalier.*
charretons 348, 884 *sb., conducteur de charette.*
chauce 3104 *sb., tout ce qui chausse le pied.*
chemise 1656 *sb., tunique.*
chenu 1674, chenuz 1942 *adj., à la tête blanche.*
chienes 1653 *sb., mèches grises.*
chiere (tenir sa parole) 1555, *faire difficulté à parler.*
cisemus 4582 *sb., marmotte.*
closfichiee 3027 *p. pa., fixée par sa pointe.*
coiffe 2908 *sb., calotte d'étoffe formant la doublure du heaume.*
cointise 2574 *sb., élégance d'attitude.*
coise (se) 6530 *pr. 3, se calme.*
colant (porte) 2331, *porte à coulisse.*

coler (le) 2739 *sb.*, *collet du haubert.*

conduit 3376 *sb.*, *escorte.*

conestable 42 *sb.*, *officier de bouche.*

conjoïssent 2066 *pr.* 6, *reçoivent en bienvenue.*

conpaignie 2186, *l'escorte proposée.*

conpere 4850 *pr.* 3, conpert 4884 *subj.* 3, de conparer, *payer une faute.*

conplainte 4259 *sb.*, *lamentation.*

conreer 2531, *panser (les chevaux)* ; conroie 2737 *pr.* 3, *traite.*

consant (par) 6948, *avec mon consentement.*

consoil (a) 3796, *à voix basse.*

consoillent 404 *pr.* 6, *parlent à part.*

contredite 3230 *p. pa.*, *disputée.*

contret 440 *adj.*, *impotent.*

convert 1218 *sb.*, *frère lai.*

corgiee 2784, 5061, *sb.*, *fouet de lanières.*

corone 2895, 4510, *sb.*, *terre du roi (?).*

cors (vers son) 6173 *(envers sa) personne.*

cors saint 4653 *sb.*, *relique.*

costumes 1299, 1302, 1319 *sb.*, *coutumes.*

cote 1138, 1141, *sb.*, *coude.*

cote 4580 *sb.*, *vêtement féminin de dessous.*

coutes 1199 *sb.*, *coussins durs.*

covant 1124 *sb.*, *promesse.*

coverture 4544 *sb.*, *manteau ;* (*cf.* chape 4545).

crenu 2575 *adj.*, *à tout crin.*

croisié 5770 *adj.*, *croisé.*

cusançon 2464 *sb.*, *souci, préoccupation.*

D

dahez 1670, 1671, 1825, *malédiction sur.*

deable (fluns au) 3012, *(fleuve d')enfer.*

deboissent 5823 *pr.* 6, *détaillent.*

deduire (soi) 1035 *inf.*, *se distraire.*

degenglent (se) 5757 *pr.* 6, *se moquent.*

degote 1148, 4644 *pr.* 3, *coule goutte à goutte.*

delite 2792 *pr.* 3, *plaît.*

delivre 1633 *adj.*, *libre.*

demore (se) 2268 *pr.* 3, *s'attarde.*

deputaire 5463 *adj.*, *méchant.*

desafublee 2783 *p. pa.*, *manteau dégrafé.*

descheitivez 1572 *p. pa.*, *délivré.*

descochent 5945 *pr.* 6, *se lancent.*

descoverte 1067, 1082 *p. pa.*, *dénudée.*

descuidiez 6309 *p. pa.*, *outrecuidé.*

desfans (an) 1522, *refusé.*

desheitié 4264 *p. pa.*, *affligé.*

desjuglez 3829 *p. pa.*, *démonté.*

desliee 2783 *adj.*, *cheveux flottants.*

desnoez 2130 *impér.* 5, *expliquez.*

despis 3249 *pr.* 2 de despire, *dédaigner.*

desserte 5813 *sb.*, *service rendu.*

dessevrer 2497, *séparation, moment de la séparation.*

dessiee 1040 *subj.* 3 de desseoir, *déplaire.*

destrece 1623, 2845 *sb.*, *difficulté.*

destroiz 1620 *adj.*, *gêné, mal à l'aise.*

dete 868 *sb.*, *engagement.*

detreire 3454, *écarteler.*

devise (a) 3218, 3341, *à souhait.*

diamargareton 1474 *sb.*, *remède de la pharmacopée médiévale.*

diaspres 1200 *sb.*, *étoffes de soie à ramages.*

dois 985, 992 *sb.*, *table.*

doiz 5130 *sb.*, *conduit d'eau.*

dolent 2686 *pr.* 6, *taillent, amincissent.*

dongier 2074, 6142 *sb.*, *difficulté.*

E

einz 181 *adv.*, *jamais.*

enarmes 842, 1721, 2662, 2669, 3587, 5930, *sb.*, *brides de l'écu pour passer la main et le bras.*

entesmes 490 *adv.*, *notamment.*

enuble 1014 *adj.*, *obscure.*

enublé 4546 *p. pa.*, *assombri.*

enviz (a) 4706, *à regret, avec peine.*

escarlate 1012 *sb.*, *drap de laine ou de soie.*

eschacier 3756 *sb.*, *infirme.*

escharboncles 1471 *sb.*, *escarboucles.*

eschaufé 4878 *p. pa.*, *excité.*

escherni 4128 *p. pa.*, *surpris.*

eschiele 6451 *sb.*, *escalier de bois.*

escole (tient a) 3185, *morigène.*

escrieve 1336 *pr.* 3, *rouvre.*

escrois 3597 *sb.*, *vacarme.*

esforçast 1309 *subj.* 3, esforçoit 1153 *impf.* 3, *de* esforcer, *faire violence à une femme.*

esgart (en mi son) 1064, *en face.*

esmerez 1488 *p. pa.*, *purifié.*

esmerillon 2745 *sb.*, *émerillon.*

esmïé 1198 *p. pa.*, *émietté.*

espans 1455 *sb.*, *désir.*

esperant 3343 *p. pr.*, *supposant* ; esperez 3346 *pr.* 5, *supposez.*

esperduz 2586, *troublé de surprise.*

esperez, *v.* esperant.

espranent 2559 *pr.* 6, *allument et font éclairer* (?).

essort 5110 *pr.* 3, *jaillit hors de l'eau.*

estoute 4180 *adj.*, *affolée.*

estoutoient (s') 3616 *pr.* 6, *s'affolent.*

estovoir 5239, *le nécessaire.*

estovra 1770 *fut.* 3 *de* estovoir, *falloir.*

estresce 1502 *pr.* 3, *se rétrécit.*

estros (a) 2223, *d'un coup.*

F

faille 2705, 2707, *sb.*, *coup joué.*

fantosme 6547 *sb.*, *illusion.*

fautre ⌐43 *sb.*, *matelassure de l'arço ι.*

fenestres 540, 544, 550, 560, *sb.*, *baies.*

ferrant 2021 *adj.*, *gris fer.*

ferré 603 *p. pa.*, *revêtu de fer, ferré.*

ferreüre 4596, *clôture de fers.*

fers 4525 *adj.*, *fermé.*

festus roz 6340, *accord rompu.*

fiche 1468 *pr.* 3, *place, serre.*

foiee 2901, 4025, 6466 *sb.*, *fois.*

foire (an) 4842, *sur le marché.*

fontainne 1346, 1347 *sb.*, *source.*

fontenele 6991 *sb.*, *source.*

forceier 6250 *inf.*, *fausser.*

forssan 6355 *sb.*, *folie.*

forssena 3366 *pas.* 3 ; forssene 3367 *pr.* 3 *de* forssener, *être fou.*

fortrest 5351 *pas.* 3, *ravit, enleva.*

fos naïs 2215, *fou complet.*

fraite 4574 *sb.*, *brèche.*

franchises 1302 *sb.*, *libertés.*

frarine 4668 *adj.*, *misérable.*

froisseïz 308 *sb.*, *grand débris d'armes.*

funs 12 *sb.*, *souffle tiède de printemps.*

fust 3166 *sb.*, *bois,*

G

ganche 7088 *sb.*, *mauvais tour.*
ganchisse 1367 *sbj. impf. 3*, *s'écarte.*
gas 1639 ; gas (a) 96, 4205 ; *sb.*,
    jeu, plaisanterie.
gaster 1546, 1598, 3390-91, *perdre.*
geneste 1095 *sb.*, *genêt.*
genoivre 1095 *sb.*, *genévrier.*
gierres 2164, *si peu que ce soit.*
gistes 6415, *pas. 5 de* gesir.
gloser 4550 *inf.*, *comprendre.*
glui 512 *sb.*, *chaume.*
gole 1306 *sb.*, *gorge.*
gort 3094 *sb.*, *gouffre.*
gotez 4749 *p. pa.*, *marqué de*
    gouttes.
goz 5148 *sb.*, *nain.*
grant (en) 6400, *en grand désir.*
gré (maleoit) 1769, 4335 *(contre*
    ton) gré ; *v.* mau gré.
grevainne 2143 *adj.*, *rude.*
gueite (se) 1216 *pr. 3*, *se méfie,*
    se garde.
gueitiee 1451 *p. pa.*, *gardée.*
guige 1720 *sb.*, *bretelle de suspen-*
    sion à l'écu.

H

haïne 3658 *sb.*, *mauvaise intention.*
hantier 1003 *sb.*, *ratelier.*
haut (an) 1059, *à haut ton.*
het 1244 *pr. 3*, *hait.*
honira 1073 *fut. 3*, *déshonorera.*
hui mes 2026, 5322, *maintenant,*
    désormais.
huier 5859, *crier.*
hyra 5572 *sb.*, *héraut.*

J

jaianz 4911, 6074 *sb.*, *géant.*
jame 16 *sb.*, *diamant.*
jaude 2366 *sb.*, *troupe, foule.*
jointe 4643 *sb.*, *phalange.*
justise 1233 *pr. 3*, *justicier* 1236
    inf., justisoit 1238 *pas. 3 de*
    justisier, *gouverner.*

L

lame 1895, 1910, 1969, 1977,
    lanme 1901 *sb.*, *dalle de tom-*
    beau, pierre tombale.
lates 514 *sb.*, *boiserie, support de*
    la toiture.
laz corrant 4261, *nœud coulant.*
letres 7046 *sb.*, *inscription (sur*
    une lame d'épée).
leüst 4432 *imp. subj. 3*, loise 5009
    subj. 3 de leisir, *être permis.*
liepart 3035, 5786 *sb.*, *léopard.*
lievre (avoir cuer de) 1100, *être*
    peureux ou timoré.
lige 1719 *sb.*, *(bien) en fief.*
livreison 4843 *sb.*, *abandon.*
loges 5013 *sb.*, *baie largement*
    ouverte d'un bâtiment.
loise, *v.* leüst.
lorain 1652, 5809 *sb.*, *courroie de*
    harnais.
losange 6, 3260 *sb.*, *flatterie, gen-*
    tillesse.
losangier 3213 *inf.*, *bien traiter.*

M

maintenant que 2171, *dès le*
    moment où.
maille 6622 *pr. 3*, *cogne.*

maleoit gré 1769, 4335. *V.* gré.

mame 4640 *sb.*, *petit doigt.*

manjut 6454 *subj. 3 de* mangier, *manger.*

mantiax (corz) 2537, *(court) mantel (?).*

mar 2088, 3377, 3415 *adv.*, *malheureusement.*

marbrine 1971 *adj.*, *de marbre.*

masse (a) 523, 1778, 2255, 2358, *ensemble.*

matemant 3469 *adv.*, *d'un air chagrin.*

matiere 26 *sb.*, *sujet, motif.*

maudahez 1745, *malédiction sur.*

mau gré 1763, 1789, 1811, *en dépit de.*

mautalant 3383 *sb.*, *colère.*

merite (en) 2800, *en service.*

merlez 3855 *pas. 5 de* merler, *mêler.*

merrien 6126 *sb.*, *bois de construction.*

mes 664 *sb.*, *plat (fig.).*

meschief 2775 *sb.*, *faute.*

mescontez 2664 *p. pa.*, *négligé.*

mescreance 4920 *sb.*, *suspicion.*

meshui 1826 *adv.*, *désormais.*

mespoise 5699 *adj.* (?), *misérable.*

mesprison 2114 *sb.*, *faute.*

metables 510 *adj.*, *convenable.*

mine 1642 ; mine (an) 2703, *jeu de dés.*

mire 1341 *sb.*, *médecin.*

mon (savoir) 6443, *(savoir) avec certitude.*

moré 990 *sb.*, *vin de mûres.*

mure 2782, 6390 *sb.*, *mule (de selle).*

N

nagié 1570 *p. pa.*, *navigué* ; nagier 2631, *traverser un cours d'eau.*

noaus 6071, noauz 2649, 5370, 5645, 5654, 5842, 5853, *le pire.*

nonchaloir (mettre en) 1889, *ne pas se soucier de.*

nuit (tote) 5704, *au long du jour.*

O

oan 1398, *pour l'instant.*

ogres 3518 *sb.*, *orgues.*

oignemant 3358 *sb.*, *onguent.*

oiseuse 3852 *sb.*, *folie.*

once 4641 *sb.*, *jointure.*

or androit 1526, 1579, *maintenant.*

orguel 961 *sb.*, *déception.*

oroille 6441 *pr. 3, prête l'oreille.*

osche 7076 *sb.*, *entaille.*

ost 4908 *pr. 3, excepte.*

P

paagier 2632 *inf.*, *fixer un péage.*

pailes 17 *sb.*, *pierres, cabochons.*

palue 1560 *pr. 3, souille.*

panne de l'escu 2226, *l'envers, la doublure de l'écu.*

pannon 520 *sb.*, *petite bannière.*

panser 28 *inf.*, *mettre en forme.*

panser (tolir le) 887, *distraire de sa préoccupation.*

parclose 2592 *sb.*, *conclusion.*

parjurer 1403 *inf.*, *manquer à sa parole.*

pas (mal) 4116 *sb.*, *passage (dangereux).*

passejoie 5201 *sb.*, *joie extrême.*

passe 2747 *pr. 3, dépasse.*

paumetons (a) 883, *sur les mains.*

peçoie 2223 *pr. 3*, peçoierent 1134 *pas. 6*, peçoiees 1135 *p. pa.*, *de* peçoier, *briser.*

perilliez 6075 *p. pa.*, *naufragé.*

pes 2103, *plus question de.*

piece (a) 2272, piece (grant) 2275, de longtemps.

plainne (voie) 2282 adj., droit (chemin).

planche 3021, 3311, sb., tablier de pont (?), planche de passerelle.

pleüriche 1475 sb., remède médiéval contre la pleurésie.

ploier 1425 inf., ploit 3029 subj. 3 de ploier, se courber.

pois (sor mon) 784, 3387 (contre mon) gré.

pomelez 5794 adj., pommelé (cheval).

por que 6595 conj., pourvu que.

porloignance 110 sb., retard.

poroffre (se) 2499 pr. 3, se propose.

portiers 1087 sb., garde de la porte.

posterne 2357 sb., porte basse.

pré 1418, pré (au fig.).

pree 1830 sb., prairie.

preu 2128, 2131, 2159 sb., avantage.

prison 1903, 2845 sb., captivité.

prochienes 5375 adj., proches.

ranpone 1596 pr. 3, raille.

recet 1178 sb., refuge.

rechigniez 5149 adj., grimaçant.

recuiz 1489, affiné au feu.

redelitent (se) 5976 pr. 6, trouvent plaisir.

redemenoient 1645 pas. 6, recommençaient.

redot 632, 2110, sb., crainte.

reent (se) 3612 pr. 6, se frottent.

refuse 1334 pr. 3, ne tient pas compte de.

regeïst 1950 impf. subj. 3 de regehir, avouer.

regibe 7041 pr. 3, rue.

remire 1393 pr. 3, contemple.

reoncles 1472 sb., ulcération.

reprist 4666 pas. 3, reprit vie.

respitiers 3506 sb., répit.

rete (se) 2718 pr. 3, s'accuse.

retraire 1316, encourir.

roide 3010 adj., rapide.

romans 2 sb., récit en français.

rote 268, 557, 600 ; route 595 ; sb., troupe.

Q

quaroles 1646, 1700 sb., rondes.

quauses 4944 sb., procès.

querele 480 sb., motif.

querolent 1828 pr. 6, font des rondes.

queste 1101 sb., recherche.

quite 2843 adj., en liberté.

quitemant 2111 adv., librement.

R

randuz 2170 p. pa., libéré.

rauge (an) 2714, en ligne.

rangignera 2900 fut. 3, trompera de nouveau.

S

sables 509 sb., zibelines.

sachier 4605, 4636, faire sortir.

sagremor 6983, 6989 sb., sycomore.

saillent 1647 pr. 6, sautent.

saint 4951, 4961, 4966 sb., reliques.

san 26, 1641 sb., idée essentielle.

santir 4675 inf., santi 4973 p. pa. de santir, avoir le contact du corps d'une femme.

sardines 17 sb., sardoine.

sarradine 2134 adj., déloyale.

seiremanz 4946, 4950 sb., prestation de serment.

sener 3356 inf., guérir.

servitume 2095 sb., esclavage.

seü 6300 sb., sureau.

sinople 5957, *couleur rouge.*

siudra 1821 *fut. 3*, siudrons 1802 *fut. 4*, siudront 1814 *fut. 6*, siudres (li) 1994 *inf.*, suiens 1992 *subj. 4, de* siudre, *suivre.*

sivent 1835 *pr. 6 de* sivre *autre forme de* siudre, *v.* siudra.

sofferoie 2647 *subj. 1*, sofferroit (s'an) 1245 *subj. 3*, soffrist (se) 1194 *pf. 3 de* sofrir, *se passer de.*

soivre (se) 755 *pr. 3, se détourne.*

solacié 5929 *p. pa., diverti.*

sonbre 5609 *sb., friche.*

soploie 5223 *pr. 3*, soploié 4716 *p. pa., de* soploier, *s'incliner, s'agenouiller.*

sor 1651 *adj., brun clair.*

sormonte 2747 *pr. 3, domine en hauteur.*

suens antiers 4, 4187, 5656, *entièrement sien.*

T

tablier 985 *sb., dessus de table.*

talentos 1085 *adj., désireux.*

tançon 2237, 2293, 2463 *sb., discussion.*

tasche (en) 6753 *sb. (pour mon) travail.*

teches 6311, *sb., caractère.*

temples 1152 *sb., tempes.*

termine 1303 *sb., époque.*

tert 3136 *p. pa. de* terdre, *étancher.*

tesoil 2139 *pr. 3 de* teseillier, *tendre à.*

tiranz 205 *adj., dur de bouche (cheval).*

tiriasque 1475 *sb., thériaque.*

tordent (se) 5104 *pr. 6, se détournent*; tordre 2475, *détourner.*

torneïz (pont) 979 *adj., (pont) tournant.*

tortices 1017 *adj., torses.*

tost 2453 *pr. 3 de* tolir, *enlever.*

tost 4577 *subj. 3 de* toussir, *tousser.*

trape 1935 *sb., piège.*

travers (an) 6421, *de tous côtés.*

trespas 649, 2168 *sb., passages.*

tressüé 273, 280, *entièrement trempé de sueur.*

trives 3255, 3287 *sb., trèves.*

tronc 3026 *sb., tronc d'arbre, billot de bois.*

tropiax (a) 6978, *en grande foule.*

tros 2224 *sb., morceaux.*

trosne 5812 *sb., le trône céleste.*

truise 3394 *subj. 1 de* trover, *trouver.*

tuiax 6995 *sb., tuyau de fontaine.*

tunbent 1647 *pr. 6, cabriolent.*

U

ueve 1872, *pour* uevre, *travail d'artiste.*

V

vanité 6639 *sb., manque de vigueur.*

vant (ne) ne voie 6383, *ni trace ni nouvelle.*

vantaille 2741 *sb., bavière du heaume.*

varengle 3600 *sb., pièce de harnais ou de selle.*

veher 2532, *refuser.*

veissiax 1884 *sb., sarcophage.*

vertu 2204 *sb., force de voix.*

viron (an) 3492, 3494, *à l'entour.*

voie, *v.* vant.

voire 5230 *sb., renseignement certain.*

vol (a un) 765, *d'un seul coup.*

volt 183 *sb., mine.*

volt 2404 *subj. 3 de* voler.

TABLE

AVERTISSEMENT POUR LA SUITE
DE CETTE ÉDITION

———————

Nous avions le dessein d'ajouter à notre dition de *Lancelot*, comme nous l'avions fait précédemment pour celles d'*Erec et Enide* et de *Cligès*, un *Index des mots* de ce poème *relatifs à la civilisation et aux mœurs* ; nous nous sommes provisoirement résigné à remettre la publication de cet appendice qui aurait encore accru le volume et retardé la publication de ce *Lancelot*, jusqu'au moment où ceux qui pourront continuer notre publication seront en mesure d'éditer aussi le *Roman du Chevalier au lion*, ce qui aurait l'avantage de rendre plus facile et plus précise là comparaison des deux romans de Chrétien, véritablement très proches par le temps de leur rédaction et par l'esprit de leurs œuvres.

Nous remettons ainsi la composition et l'impression de ce nouvel Index des mots relatifs à la civilisation et aux mœurs employés par Chrétien jusqu'au moment où pourront être imprimés par nos soins, ou plutôt par ceux de nos successeurs, les textes que nous a transmis le scribe Guiot d'*Yvain* et peut-être de *Perceval*.

M. R., juin 1958.

———————

Achevé d'imprimer en 1983
à Genève-Suisse